# 스며들다

# 스며들다

이연희 수필집

수필과비평사

## 책머리에

나무에 시선이 오래 머문다.
나무는 나이가 들수록 아름다워지는데
나이를 더한다 하여 나는 그렇지 못하다.
사색마저 비릿하다.
나의 시선은
작고 소소한 것들에 익숙하다.
풀꽃 한 송이에 우주의 섭리가 담기듯
특별할 것도 빛날 것도 없는 일상에서
삶의 순리를 깨우치고 순응하는 법을 익힌다.
거기에 어깨 다독여주는 가족들과
아껴주는 마음들이 함께한다.
고맙고 감사할 따름이다.
사랑한다. 나의 인생아!

彬蔚 이연희

| 차례 |

## 1부 바꿔 살게 하시고

## 2부 모리가 묻는다

## 3부 봄다운 봄은 오려는지

4부

## 혼밥 혼놀족

## 5부 그들은 어떻게 살아야 하나요

# 1부

# 바뀌 살게 하시고

# 나무의 덕목

"만약에 말이야, 다시 태어난다면 나무 어떨까?"

"아이구, 난 싫어. 한곳에 붙박이처럼 살아야 하잖아. 새처럼 훨훨 날아다니는 게 제일이지 뭐~~~!"

언제였는지 흐릿하지만 그런저런 대화를 나누며 나는 친구와 숲길을 걸었다.

나무가 좋았다. 바람결을 따라 부드럽게 휘어진 뒷산의 소나무, 커다란 옹이를 훈장처럼 지니고 오래 살아서 더는 늙어갈 일이 없을 동구 밖 느티나무, 배부른 단풍나무와 대나무, 밤나무, 굴참나무, 후박나무, 꽝꽝나무, 호랑가시나무, 이팝나무, 물푸레나무, 바오밥나무 등등.

나무와 나무가 서로 어깨를 겯고 팔을 걸어 이룬 숲은 나의 절친이자 연인이다. 조붓한 숲길을 걷노라면 잡다한 세상 근심은 어느새 사라지고 가벼운 걸음으로 춤추듯 걷고 있는 나를 발견한다. 새들의 노랫소리에 화음을 맞추고 들쭉날쭉한 풀꽃들과 눈인사를 나누다보면 청설모나 다람쥐가 덩달아 반기며 동행하기도 한다.

저 홀로 이뤄낸 성城이 아니라서 숲은 오묘하고 겸손한 것인가. 크고 작은 나무와 높고 낮은 풀들이 햇빛과 바람과 어울려 성스러운 신전이 되는 그곳에서 고요를, 바람을, 햇빛을 온몸으로 받드는 순간순간은 경이로움이고 축복이다.

타박타박 칠연계곡의 숲길을 걸었다. 계곡 폭포수의 우렁찬 소리를 동무삼아 이십여 분 올랐을까. 모퉁이 한 자락을 깔고 앉아 잠시 숨을 고르는데 마주보이는 나무 한 그루에 내 시선이 꽂힌다.

그 나무는 계곡 가장자리에 물 반, 돌멩이 반인 곳에 서 있다. 사방으로 뻗어있는 땅 위의 뿌리가 크고 작은 돌멩이들과 뒤엉켜 있는데, 한 아름이나 될까 하는 줄기 기둥과 옆으로 뻗은 가지를 거느리고는 아무렇지 않은 척 서 있다. 흙 한 줌 없는 여러 갈래의 뿌리에 친친 얽혀진 돌들이 유일한 생명줄인 나무의 하반신은 이미 죽음을 향해 달려가고 있다. 버석거리는 몸에 푸른 잎 몇 낱 달지 못한 채 의연히 서 있는 모습이 애틋하고 대견스러웠다. 흐르는 물줄기에 주춧돌 같은 돌멩이 하나라도 어긋나버리면 금방이라도 중심을 잃고 쓰러질 것처럼 위태롭다. 어떻게든지 목숨을 부지하려고 사투를 벌여왔을 처절함 앞에 나는 그저 경의를 표했다.

무거운 마음으로 주변을 둘러보았다. 제법 큰 나무들이 하늘을 향해 우뚝 서 있고 허리가 구부러지거나 몸이 꺾인 채 드러누운 나무와 툭툭 불거지고 꼬부라진 몰골인 나무도 있다. 나무는 있는 그대로의 모습으로 서서 잎은 잎대로, 몸통은 또 그것대로, 꽃으로, 열매로 우리 곁에 머물러 있다.

그뿐인가. 제 몸의 수액을 짜내는가 하면 활활 불 태워 살신성인하는 모습은 아낌없이 주고도 애면글면하는 어머니의 희생처럼 웅숭깊고 처연하다. 이토록 생과 사를 가리지 않고 우리에게 적잖은 은혜를 베푸는 나무의 도道를 생각하니 숙연해진다.

나무는 조금도 수다스럽지 않다. 잘났다고 우쭐대거나 못났다고 무시하지도 않는다. 함부로 나서지 않고 쉽게 물러나지 않으며 어떠한 상황에서도 온몸으로 맞서 견디고 묵묵히 참아내는 과묵함을 지녔다. 내가 배우고 갖추고 싶은 덕목이다.

지금 내 앞에 서 있는 저 나무도 나처럼 내생을 꿈꾸고 있을까? 어쩌면 나와 반대되는 소원을 가졌을지도 모른다. 나무 곁에 서서 윤회의 그림자를 찾아 숨바꼭질을 하는데, 한 무리의 등산객들이 무단침입하듯 나타나 어설픈 상념들을 단번에 날려 버린다. 엉덩이를 털고 일어났다. 일곱 개의 못을 연이어 가진 칠연계곡은 사계절 내내 아름다운 절경이다. 넓고 평평한 바위와 기암절벽이 어우러져 운치가 있으며, 울창한 나무들이 빽빽한 숲을 이루고 있다. 한 발

두 발 천천히 걸으며 나무에 대한 절절한 생각으로 반나절을 보냈다.

오늘, 그 나무를 쉬이 잊지 못하는 까닭은 한 나무의 일생이 사람과 별반 달라 보이지 않아서다. 나무의 덕목을 되새기며 하산하는 길에는 아그배나무, 산딸나무, 물박달나무가 초록별 싱싱한 초록잎을 흔들고 있었다.

※ 칠연계곡은 전북 무주군 안성면 공정리 통안마을에 있다.

# 꽃인 듯 꽃 아닌 듯

아담한 산사 신광사新光寺에 갔다. 석가모니를 모신 대웅전 법당에서 간간이 풍경소리가 쟁쟁 울릴 뿐 고요했다.

가득한 적막 속에서 주승은 참선禪을 행하는 중인지 스님의 헛기침소리조차 들리지 않는다. 몇 백 년을 서 있었는지 아름드리 느티나무가 수문장처럼 오가는 나그네를 맞이하는 산속의 사찰. 온통 푸름 속에서 그악스럽게 울어대는 매미 소리만이 한낮의 고요를 흔들어댄다.

파란 하늘과 풀벌레 소리, 미세한 바람밖에는 더 가질 것 없는 여름날 오후, 스치고 사라지는 바람처럼 내 인생의 그림자도 덧없다는 생각이 들었다. 지나가는 바람 끝자락이라도 잡아 볼 요량으로 손가락을 펼쳐 허공 속을 휘저어 본다. 하지만 잡을 수도 잡히지도 않는 그저 바람일 뿐인 바람, 바람뿐이다. 사방을 둘러보아도 산, 산, 산밖에 없는 산속에 텅 빈 절이라니 그야말로 무주공산이다. 오도카니 앉아 있으려니 전나무 숲길을 따라 거닐던 날이 생각났다.

왕벚나무, 산수유나무가 간간이 얼굴을 내밀고 야생화 몇 송이가 반겨주던 그곳은 여름휴가가 끝나갈 무렵이어서인지 한산했다. 사람들로 북적거리지 않아서 좋은 날, 혼자인 나를 힐긋거리며 몇몇 사람들이 지나갔으나 홀로 즐기는 호젓함이랄까, 쓸쓸함에 비하면 그까짓 시선 따위야 견딜 만했다. 무심히 걷다가 들어선 곳은 스님이 아니 계신 절이었다. 왠지 적적하고 쓸쓸했다.

"이명박 정부는 공직 이용 종교 편향 즉각 중지하라."라는 플래카드를 덩그러니 남겨놓은 채 '종교 편향 종식 불교 연석회의' 차 스님들은 상경한 때였다. 부처님도, 풍경소리도, 해묵은 느티나무도 그날만은 오롯이 내 차지였다. 나는 능가산 자락을 꺼먹꺼먹 바라보다 적벽강을 휘돌아 귀가했다.

새 정부가 들어섰다고는 하나 수입산 쇠고기 협상 문제다 뭐다 해서 하루도 조용한 날이 없다. 밤낮으로 타오르던 촛불이 조금 수그러드나 했는데 종교 편향 문제로 다시 또 촛불이 타오르고 있다. 사람들은 도대체 앞이 보이지 않는 참담한 현실이라며 우려의 목소리를 높이고 있다. 문제의 시발점은 소통의 부재였다며 여기저기서 단절로 인한 아우성이 용광로처럼 들끓는다. 수레바퀴처럼 잘 굴러가도 어려운 형편인데 천지간에 삐거덕거리는 소음만 요란하다.

이 나라를 진정으로 염려하고 걱정하는 위정자는 어디에 있으며, 부정부패에 곁눈질하지 않는 공복들은 어디에서 땀 흘리고 있는가. 어리석은 중생을 구원할 성스러운 손길과 진정한 사도師道는 다 어디로 숨어버렸는지 세상은 어지럽고 혼미하기만 하다.

우리나라 자살률이 세계 1위라는 통계수치에 혀를 내둘러야 하고, 삼강오륜이 물구나무선 지 오래라고 개탄하는 목소리로 나라는 점점 더 뜨겁게 달아오르고 있다. 도대체 뭘 먹고 살아야 할지 먹을거리마저 공포의 대상이 되어가는 암울한 21세기에 정신까지 도둑맞아 공황상태에 이르게 되는 것은 아닐까 걱정스럽다.

중국 여행길에 상해에서 짝퉁가게에 들른 적이 있다. 워낙 정교해서 진품이라 해도 손색없을 상품들이라고 했다. 눈요기를 하면서 이따금 마주쳤던 진짜 같은 가짜꽃이 연상되었다. 육안으로 식별이 어려워 만져보고 코를 대어보고 나서야 구별이 가능했던 조화들. 위조되고 위장된 모습으로 탄생된 조화와 짝퉁에게서 느껴지던 씁쓸함이 요즘의 현실처럼 여겨진다.

우리는 때로 아닌 줄 알면서 행하게 되고 그로 인해 깊은 수렁 속으로 빠져버리게 된다. 진실 없는 만남, 진실이 결여된 삶에서 얻을 수 있는 것은 상처뿐이다. 지상의 수많은 꽃 아닌 꽃들이 우리를 미궁 속을 헤매며 눈멀게 하는 것은 아닌지.

생각이 어두워지자 빛이 그리웠다. 우리들의 머리 위에서 환하게 내리비치고 있는 눈부신 태양광선 같은 찬란한 빛이 마음안에 밝혀지기를 소원했다.

하릴없이 성수산 자락에 앉아서 지나온 삶을 반추하면서 기지개를 켰다. 답답한 마음을 털게시리 소리라도 한 번 크게 질러 볼까나! 그 작은 일도 마음 가는 대로 못하는 내가 참 소심하다. 무심결에 들어섰다가 빈 마음으로 돌아가는 길 내내 태양광선 같은 찬란한 빛이 그리웠다.

모든 것이 아득하기만 하다.

※ 신광사-전북 장수군 성수산에 위치한 절.
신라 흥덕왕 5년(830년)에 무염국사가 창건함.

# 바꿔 살게 하시고

언젠가 후배는 "언니는 보나마나야, 그냥 딱 행복한 안방마님이라니까."라면서 몇몇 지인들의 손금 봐주기에서 나를 제외시켰다.

그때 약간의 소외감을 느꼈지만 그 후로는 내가 나에게 종종 최면을 건다. 행복한 안방마님이 되기 위한 최면술을 연마하고 있는 중이다. 혹여 그녀의 말이 듣기 좋은 사탕발림에 불과하더라도 영원히 행복한 안방마님을 꿈꾸면서 말이다.

첩첩산중에서 세상과 첫 만남을 가졌던 나는, 한동안 턱까지 차오르던 일상의 버거운 짐을 내려놓고 가쁜 숨을 고르며 잠시 휴식중이다. 다만 무료함이 스미지 않도록 긴장의 고삐를 조이면서도 내게 남은 시간의 일부가 물처럼 흘러가는 것에 저항하지 않으면서 한가함을 즐기려고 애쓰고 있다.

만사개유정萬事皆有定이라고 했다. 타고난 운명이 어떠한지는 모르겠으나 지금까지 살아온 내력이 곧 내 운명이요 팔자려니 생각하고 순응해왔다. 똑부러지게 빛나거나 잘 살아오지는 않았지만, 그냥저냥 그런대로 살아온 삶이지 싶다. 이따금 뒤적거려 보면 가슴에 응어리진 아픔 한두 가지가 주머니에 든 송곳 같다. 그러나 아픔보다 많은 기쁨과 행복 그리고 순탄한 지난 시간들에게 진정으로 감사한다.

그는 내게 대체로 친절하고 다정다감했다. 그러나 때로는 순전히 내 탓이었음에도 불구하고 종종 이런저런 이유를 달아 그에게 일방적인 원성을 보내기도 했다. 그를 처음 만난 날부터 지금까지 단 한순간의 이별 없이, 쉼 없이 달려오면서 큰 옹이 없이 잘 지내왔다. 얼마나 다행한 일이고 축복받은 일인가.

그는 나를 시시때때로 변화하게 하고 웃고 울게 하면서 단발머리 소녀를 대한민국에서 가장 무서운 힘을 가졌다는 곱슬머리 아줌마로 변화시켰다. 세상 변화에 그다지 놀라지 않고 별난 세상사에 그럴 수도 있으려니 무덤덤해 한다. 웬만한 농담에도 능구렁이가 되었으며 감정을 조절하고 표출하는 일에도 점점 회색분자가 되어가고 있다.

내가 세상에 첫울음을 터뜨리던 그때야 말로 순도 100%의 순백이었을 게다. 다섯 살 적에 바쁜 어머니를 도와 세 살 아래인 동생을 업고 광목포대기로 열 번도 더 칭칭 동여매던 그때도 깨끗했을 것이다.

초등학교 시절, 점점 잔꾀를 부리고 이따금 거짓말도 하던 말라깽이 어린이 시절의 나는 노오란 개나리이거나 연분홍 진달래꽃빛이었지 싶다.

사방 듬직한 산들로 둘러싸여 있고 맑은 물길가에는 하

얀 물새가 내려와 쉬었다 가는 곳 고향. 온몸에 와 닿는 바람이 싱그러워 때론 새처럼 파란 하늘을 날고 싶은 충동을 못 이겨 들판을 거침없이 달려보던 아름다운 시절. 아버지는 우리들의 학업에 관심이 많으셨다. 방학 때마다 시냇가에서 물고기를 잡아 시험관에 넣고 알코올을 채운 후 메기나 쏘가리, 빠가사리라는 이름표를 달아 주며 흐뭇해 하셨다. 크고 작은 일들이 기록되지 않아 그저 작은 인식 부호로 남아 있지만 언제 떠올려도 꿈꾸는 바다처럼 설렘이 가득하다.

부지깽이 같던 종아리에 살이 오르고 밥보다 친구들의 수다가 더 맛있던 소녀시절에는 세상 모든 파열음이 터져 꽃이 되었다. 쇠똥만 굴러가도 까르르, 눈빛만 마주쳐도 방긋방긋! 함박웃음을 참지 못하던 우리 모두는 꽃 그 자체였다. 매화꽃, 살구꽃, 복사꽃, 배꽃이 따사로운 햇살 아래 출렁이는 봄날처럼 모두가 평화로웠다. 그러나 언뜻언뜻 스쳐 지나가는 고독한 그림자를 외면하지는 못했다. 맥없이 눈물이 헤프던 그때는 너나없이 모두가 문학소녀였다.

그는 따스한 평화로 출렁이던 봄날과 아무것도 거칠 것

없던 시절을 휘파람소리와 함께 지냈다. 어느새 아귀다툼의 세상에서 마치 낯선 이방인처럼 스스로를 들볶으면서 살았다. 사람살이가 이런 거로구나! 아련하게나마 느끼면서도 막연히 기다리던 백마 탄 왕자에 대한 그리움만은 붉은 장밋빛이었지 싶다.

험준하기 짝이 없는 협곡을 헛짚지 않고 지나온 덕인지 큰 탈 없이 이러구러 지천명의 나이에 이르렀다. 나는 지금 어떤 색으로 물들어가고 있을까. 순백의 흰색이라면 가당치 않을 것이요, 빨갛고 파란 원색이라니 그 또한 지나가는 소가 웃을 터이다. 희지도 검지도 않은 어중간한 색. 빨강도 파랑도 아닌 거무튀튀하고 희끄무레하여 바랜 듯 칙칙한 빛깔이 나의 실상일지도 모른다.

어쨌거나 다시는 되돌릴 수 없는 시간들.

"인생살이 어렵기는 산에도 있지 않고 물에도 있지 않고 인정이 뒤집히는 그 사이에 있다."라는 말처럼 사람과 섞여 원만하게 사는 일과 세상살이 모든 일에 균형감각을 잃지 않으려고 노력하며 살아야 하는 게 현실이다.

문득문득 '이게 내가 원하는 생의 전부인가?' 곰곰 생각할 때면 등 뒤로 찬바람이 인다. 버리고 비우고 벗어나기가 쉽지 않은 일상 속에서 세월은 나를 둥글게 하고 자연 앞에 겸허하게 한다. 죽음에 대한 두려움이나 탐욕, 용서 등등에게서 아직은 자유롭지 못하다. 그래서 고뇌하고 갈등한다.

인생불만백人生不滿百 상회천세우常懷千歲憂라고 한다. 기왕 굳어버린 고정관념의 옹이를 어찌할 수 없어 지나간 시간들에게 간절히 고한다.

"이제라도 부디 바꿀 수 있는 것은 바꿔 살게 하시고 바꿀 수 없는 일에는 불평 없이 살게 하소서. 요란하게 덜컹거리는 일 없이 그냥 미소로써 바라보게 하소서. 조용히 기도하게 하소서."

# 약지의 반란

나의 운명은 그저 그랬다. 한 단체나 조직의 구성원으로 있다고 해서 주목을 받거나 큰 사랑을 받은 적 없이 그럭저럭 살아왔다. 그나마 내 의지대로 행동한 적이 한두 번이나 될까 말까?

이른 새벽부터 부지런을 떨던 그녀는 낡은 목욕탕으로 향했다. 허름한 목욕탕 안에는 그녀보다 주름진 여자들이 헐거워진 몸의 나사를 조이고 기氣 충전을 하느라 냉온탕을 넘나들고 있다. 그녀의 의지대로 우리 쌍둥이들은 주로 따끈한 온탕에 몸을 담근 채 시간을 보냈다. 두어 시간쯤 물속에 잠긴 나는 숨 막힐 지경이다 못해 자글자글 주름이 생기고 퉁퉁 불어서 번데기 모양새가 되어버렸다.

바깥에선 2월의 햇살이 온 누리에 봄빛을 뿌리고 있다. 상큼한 공기가 그지없이 좋다. 하지만 그런 기분은 잠시, 귀가한 그녀는 말랑말랑 보드라운 내 형제들의 몸을 봄나물 무치듯 조물조물하더니만 차가운 금속성의 뾰족한 물건을 사정없이 들이댔다. 온갖 세균 침투와 일상의 난관에서 등받이가 되어 주는 거북 등껍데기 같은 보호막을 작심한 듯 인정사정없이 물어뜯는 거다. 첫째엄지, 둘째검지, 셋째장지를 더튼 후 넷째 약지 내 차례가 되었다. 그녀는 내 덧옷뿐만 아니라 속살까지 마구 들쑤시더니 기어코 내 피눈물을 짜내고 말았다. 평소 찬밥신세라며 눈칫밥으로 연명해온 터라 더더욱 억울하고 분했다. 그러나 그녀는 콧등으로 흘러들고 다섯째소지에게 다가갔다.

그러구러 한낮이 흘러가고 어둠이 몰려오고 밤이 깊어졌다. 시끌벅적하던 한낮의 소란이 적막의 포로가 되는 삼경. 그러나 나는 적막강산 속에서 홀로 욱신욱신 간헐적으로 달려드는 통증에 신경이 곤두섰다. 그녀 역시 못마땅했는지, 자다 말고 일어나 외상연고로 나를 잠시 달래주었다.

다음날. 벌겋게 부어오른 내 몸에 그녀는 수시로 연고를 발라댔다. 어제 일을 회상하자 야릇한 오기가 발동했다. 실컷 아프리라. 아픈 만큼 성숙한다지 않은가. 내 마음의 속병에 호전의 기미가 없자 그녀는 이틀 후에 병원을 찾았다. 일주일 정도 항생제와 소염제를 침투시켰지만 내가 끄떡하지 않고 오히려 부아가 치민 것처럼 벌겋게 달아올라 열까지 뿜어냈다. 그녀는 "같잖게 여겼는데 그게 아니네!"라고 투덜대더니 2차 진료기관으로 옮겨 갔다. 의사는 나를 보자 내 몸에 칼을 대야겠다고 했다. 오호라, 나는 쾌재를 불렀다. 조금 두려웠지만 내 몸이 완쾌되려면 그깟쯤은 감내해야 한다.

나는 닭띠해 음력 시월 초순경에 태어났다. 희부윰한 안개가 어둑새벽의 골목을 돌아나올 무렵, 마당 귀퉁이에서 아침을 알리는 수탉에게 질세라 힘찬 울음소리를 들었다. 온몸을 웅크린 채 세상의 빛으로 던져진 것이다. 나는 다섯 쌍둥이 중 일란성 쌍둥이로 태어났지만 왼쪽의 나와 오른쪽의 나는 모든 게 서로 달랐다. 오른쪽의 나는 언제나 바쁘고 힘들었으나 노동의 대가는 없었다. 셋째와 다섯째 사이에서 군소리 없이 있어 주기만 하면 그만이다. 하지만 왼쪽 쌍둥이는 별로 애쓰는 일도 없는데 종종 황금이나 다이아몬드, 자수정 같은 보석을 착용하고 화려하게 변신을 했다. 그럴 때마다 일면식도 없는 여인들의 찬사를 받기도 하니 세상사 공평치 않음에 분통이 터진 적이 여러 번이다.

생각해 보니 그렇다. 첫째는 태어날 때부터 최고의 자리를 고수하며 하늘 높은 줄 모르고 우쭐댄다. 마치 이 세상 모두가 제 것인 양 의기양양하다. 자기가 최고라며 고개를 빳빳이 들고 나설 때마다 눈곱만큼의 겸손이라도 지닌다면 좀 좋으랴 싶다. 둘째는 첫째와 찰떡궁합으로 지적질 선수며, 셋째는 제 외모를 뽐내며 공주 행세를 한다. 다섯째는 이런저런 핑계를 내세워 어리광만 부려댄다. 그럼 넷째인 나는 뭐란 말인가. 있는 듯 없는 듯 살아온 별 볼일 없는 존재 아니던가. 오래전, 그녀의 아들딸이 아이였을 적에 숟가락 안에 있는 물약과 가루약을 고루 잘 섞는 일만은 단연 내 몫이었다. 그 약기운으로 아이들이 건강해져서 천방지축으로 뛰어놀면 내 할 일은 끝났다.

그렇게 별 볼일 없는 존재라고 여겼는데 글쎄, 이렇게 몸을 꽁꽁 싸매는 생뚱맞은 경험을 하게 될 줄이야. 내가 물을 멀리해야 하니 불편한 건 그녀였다. 설거지를 비롯해 세수하는 일마저 서툴게 했다. 글씨를 쓰는 일과 젓가락질을 하는 일은 물론이요 화장품을 바르는 일도 어정쩡하게 했다. 나 하나가 한 형제 네 쌍둥이에게 미치는 영향력이 참으로 컸다. 서로가 서로에게 없어서는 안 될 귀한 존재임을 절감했을 것이다.

아픔 뒤에 한 수 깨달았다. 있으나마나한 나의 존재감을 확실하게 알려주겠다던 생각 자체가 오산이었다. 손톱 밑에 가시 같은 상처 때문에 보름이나 병원을 들락거리던 그녀가 애지중지 나를 아껴주니 살맛이 난다. 조연 없는 주연이 없듯 제 잘난 맛에 살던 형제들도 서로의 소중함을 비로소 깨달은 것 같다. 나도 나의 존재 가치를 인정받았으니 당당해야겠다.

신은 모든 존재에게 존재 가치를 부여했다. 비록 보잘것 없어 보일지라도 그것들 덕분에 삶은 조화롭고 평안하다. 네가 있기에 내 존재가, 내가 있어 네가 가치 있다.

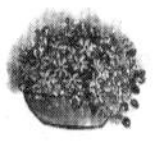

# 또 한 송이 매화

전동성당과 경기전慶基殿이 고풍스럽게 늙어가는 태조로 초입. 하마비下馬碑 앞에서 단정하게 매무새를 가다듬고 경기전 정문으로 들어서면 사오백 년은 족히 살았을 노거수들이 짱짱하게 서 있다. 조선 태조 이성계의 어진과 조선왕조실록 사고가 있는 이곳은 전주 시민의 쉼터이자 문화공간이기도 하다.

사계절 내내 사람들의 발길이 끊이지 않는 경기전에서 봄의 전령사를 꼽으라면 단연 매화일 게다. 춥고 칙칙한 겨울이 끝자락을 보일 때쯤이면 맨 먼저 그들의 안부가 솔깃하니 궁금해진다. 기실, 봄이 오게 하려고 수천 수만의 꽃을 피우기 위해 수액을 빨아올리고 있을, 휘어질 대로 휘어져 등 굽은 노매老梅의 안부가 더욱 궁금한 것이다. 지척임에도 자주 찾지 못했는데 봄비가 내리는 날, 가랑비에 젖어 있을 그들이 생각났다.

울창한 대숲이 있는 경기전 뜰에는 와, 온통 청매가 만개했다. 홍매는 벌써 천수를 다한 듯 시들어가고 있다. 불과 며칠 전, 봉긋하게 피어오르던 홍매 앞에서 우리는 왁자한 수다와 야냥개를 떨었는데……. “꽃이 피는 건 어려워도 지는 건 잠깐”이라던 시 구절이 싸하게 와 닿는다.

서너 그루의 매화나무 중에서도 유독 만고풍상을 겪으며 살아온 이력을 한눈에 알 수 있게 해주는 이백 년을 훌쩍 넘겼다는 청매 등걸은, 허리가 바싹 고부라졌을 뿐만 아니라 상처 난 자리마다 불거진 뼈가 마음을 더욱 아리게 했다.

그런데 어디에서 힘이 솟아날까! 노매老梅의 바짓가랑이에는 다닥다닥 봉오리들이 열리고, 꽃술 끝에 매어달린 물방울은 산통 후의 양수처럼 신비로웠다. 뭐라 형용할 수 없는 마음을 하늘도 안다는 걸까. 습기 가득한 바람결이 물방울을 떨어뜨리고 매향은 탄생을 알리듯 코끝을 스쳤다.

자디잔 물방울을 매달고 서 있는 매화의 청아한 얼굴과 군더더기 하나 없는 모습을 보고 있으려니 커다란 몸이, 자동차가, 가방이, 담장 밖 즐비한 화장품과 악세서리 가게들이 몹시 거추장스러워 보였다. 모두모두 무거워 보였다.

빗방울이 뜸해질 무렵, 직박구리 한 마리가 날아와 매화나무 가지 사이를 오가면서 찌르릉-찌이째째 울어대자 두세 마리의 직박구리와 한 무리의 사람들이 우르르 몰려들었다. 제각각 매화에 대한 찬사와 끼리끼리의 재잘거림으로 적막하던 경기전 뜨락이 금새 그들먹해졌다. 그 참에 슬그머니 매화 곁을 떠났다.

올해에도 어김없이 섬진강변의 꽃소식을 들었다.

언젠가 나도 그곳 매화축제에 갔다. "히야~~, 오매~~." 감탄사를 연발하면서 행복해했지만, 온 동네를 휘감은 듯 하얗게 피어있는 매화밭을 오래 바라보면서 마음 한구석이 조금씩 쓸쓸해져 갔다. 시간이 흐를수록 꽃을 바라보는 내 마음이 덤덤해져만 갔다. 그땐 지천으로 꽃, 꽃, 꽃이라 그랬으려니 했는데 돌아보니, 시끌시끌한 시장 속 같은 분위기와 북적대는 사람들로 인해 사람잔치가 되어버렸다 싶은 생각 때문이었다.

꽃들은 홀로 있거나 무더기로 살아도 수선스럽지 않은데 사람들은 두셋만 모여도 요란스러울 때가 많다. 단 하루만이라도 매화의 성품을 닮고픈 마음으로 걸음을 옮겼다.

매향을 안고 돌아오면서, 다닥다닥 꽃눈 열리던 이슬 맺힌 꽃술들의 안부가 다시 궁금해진다. 무더기의 사람들에게 "쉿, 꽃이 피고 있으니 조용히 좀 해주세요."라고 말하고 올 걸! 엉뚱하고 괜한 생각을 하기도 했다. '사람이 꽃보다 아름답다'는 노래도 있지만 '보고 있어도 더 보고 싶은 사람' '헤어지기가 못내 아쉬운 사람'이 몇이나 될까 갸우뚱하기도 했다.

낮의 열꽃이 가라앉지 않은 삼월의 고즈넉한 밤, 매화 한

폭 걸린 벽을 마주하고 앉아 찻물을 마련했다. 찻잔 속에서 또 한 송이 매화가 열리고 있다.

※ "쉿, 꽃이 피고 있으니 조용히 좀 해주세요."는 김소연 시인의 "꽃이 지고 있으니 조용히 좀 해 주세요."에서 가져온 말임.

# 손에게

운전대를 잡은 손등에 햇빛이 내려앉는다. 시동을 걸기 전 잠시 바라본 손등에 잔주름이 자글자글하다. 자동차보다 먼저 생각이 달려간다.

탄력을 잃은 피부가 죽죽 그어놓은 거미줄 같다. 비교적 자그마하고 보오얀 손이 곱다는 소리를 제법 들었는데 젊은 날의 그 손은 어디로 갔을까? 이젠 누가 보아도 곱다 할 수 없는 손, 손가락 마디가 굵어지고 피부색마저 칙칙해 볼품없어 보인다.

한 사람이 살아온 내력을 가장 잘 드러내는 게 손이라고 한다. 손을 보면 직업이나 나이를 짐작할 수 있다. 얼굴의 표정 대신 긴장감이나 정서불안 등의 심리 상태를 감지할 수도 있다. 오래전, 군인들과 함께하는 TV프로그램에서 전신을 가린 채 내미는 손만으로 자기 어머니를 찾아내기를 했다. 그들 중 제 어머니의 손을 찾아내지 못한 사람이 거의 없었다. 이를 보고 어떤 손일지라도 똑같은 손은 없으며, 손은 한 사람의 다른 얼굴이나 마찬가지임을 알 수 있었다. "사람 손은 모든 면에서 운명이었다." 엘리아스 카네티가 남긴 말이다.

도구를 사용하는 손은 노동을 통해서 끊임없이 발달되어 왔으며 그 손놀림이 사람의 뇌기능을 확장시켰다고 말한다. 사람이 손을 씀으로 인해 문화와 문명이 발달해 왔으니, 인류의 문화문명은 곧 손의 노동이 가져온 산물이다. 가슴에서 뇌까지의 거리가 세상에서 가장 먼 거리라고 농담을 하지만 어떤 생각이 일단 뇌에 전달되면 반사적인 움직임으로 나타나는 것이 바로 손동작이다. 손에는 온몸의 신경이 집중되어 있기 때문이다. 예컨대 손을 통해 건강을 알아보는 한의학은 발달되어 있다. 흔히 급체를 하거나 두통이 있을 때, 손가락을 실로 동여맨 후 바늘로 찔러 피를 짜 내거나 혈穴을 찾아 꾹꾹 눌러 자극을 주면 통증을 완화시킬 수 있다.

새삼스럽게 생전 처음 보는 듯이 내 두 손을 찬찬히 바라보았다. 배추전마냥 앞뒤 좌우로 뒤집어보고 꾹꾹 눌러 보았다. 성인이 되고부터 어른의 손으로 견뎌온 손 치고는 그리 거칠지 않다. 다만 물기와 살비듬을 잃고 피부가 겉돈다. 굵어진 마디에 군데군데 돋아난 까만 점들이 나를 우울하게 한다.

사람은 겉치레보다 내면의 아름다움이 중요하다고 하던가! 두 손이 지나온 이력을 반추해 보니 두 손으로 셀 수 없을 만큼의 과거를 이루어 왔다. 손뼉을 치면서 격려와 응원을 보내고, 손가락에 반지를 끼우고 사랑의 맹세를 했다. 새끼손가락을 걸고 영원히 변치 말자며 우정을 약속하고, 두 손을 모아 간절한 기도를 올렸다. 때론 넘어진 자를 일으켜주고 가족의 건강을 위해 부지런히 노동했다. 사랑한다는 말을 대신하거나 의기투합할 때도 손이 앞섰다. 때로는 아이들에게 상벌을 내리는 잣대가 되고 어느 땐 파리의 앞발처럼 누군가를 향해 쓱싹쓱싹 비비기도 한 비굴한 손이기도 했다. 무엇인들 두뇌의 명령에 작동하지 않을 수 있으랴. 손은 진정 행동도구다. 실행의 도구다.

세상에는 참으로 여러 가지 손이 있다. 흔히 우정, 애정이나 인정의 손, 인류애의 손과 신앙의 손이 있다. 모두 사랑과 자비의 손이다. 어디 그뿐인가. 도둑이나 살인의 사악한 손과 전쟁을 이끄는 손이 있다. 악마의 손이다. 또 다른 손이 있으니, 과학과 문명, 문화예술을 발달시킨 창조의 손과 연구의 손이다. 곧 인류를 위해 헌신하고 생활을 편리하고 풍족하게 이끈 위대한 손이다.

나의 손은 무엇을 담당하여 왔을까? 돌이켜보니 내 손은 내 인생을 위해 참 많은 일을 했다. 만남에서 손을 잡고 인사하게 했다. 악수를 나누지 않더라도 두 손을 마주잡고 쓰다듬으며 반가운 마음을 나눴다. 애정의 말을 대신하는 셈이다. 컴퓨터를 켜고 책장을 넘기며 공부하고 일하게 한 손. 볼펜을 쥐고 메모를 하여 기억력을 대신해 주는 손. 어느 하루도 고마워한 적 없어도 내 생활을 이끌어 온 손이다. 새삼스레 물끄러미 두 손을 바라보니 손에게 한없이 고마워진다. 두 손이 환하다. 손등의 주름이 환하다.

삭막하고 무미건조한 세상을 그런대로 잘 버텨온 손이다. 이해타산 없이 정情 가름을 잘해왔는지에 대한 긍정대답에는 자신이 없다. 딴에는 풍랑에 노를 젓고 가시밭길을 헤치며 안간힘을 다했다. 돌아보니 그 역군은 늘 손이었다. 손에 그늘이 지고 손등에 아물지 못한 흔적이 생긴 건 당연하다.

힘없고 초라해 보이는 손을 쥐었다 편다. 마디가 조금 뺏뺏하고 힘이 약하다. 쥐어도 아무것이 없고 펴도 아무것이 없다. 이처럼 빈손으로 와서 빈손으로 가는 게 인생이라 하지 않은가. 말로는 알면서도 늙어가는 이 손을 바라보며 헛헛하고 쓸쓸해지는 이 기분은 무얼까.

나는 내 손에게 물었다.

너는 무엇을 하며 살아왔는가? 무엇을 위해 일했는가? 진정으로 손에 부끄럽지 않게, 제대로 손쓰며 살아왔는가?

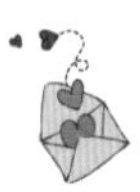

# 가을날의 소요

**허**虛

어느새 9월이 살랑살랑 꼬리를 흔들며 저만치 도망치고 있네요. 청잣빛 하늘이 너무 고와서 소리라도 크게 질러 보고 싶던 하루가 그냥 속절없이 또 흘러가네요. 한 발 늦어 놓쳐버린 버스 뒤꽁무니를 바라보는 그런 허망함이랄까요.

사는 게 뭔지, 일상에서 더러 맛보던 그런 씁쓸함이 엄습하네요. 아마도 지금 나는 늙어가고 있는 중이겠지요.

### 정情

햇볕은 짱짱해도 바람은 선들선들한 날이에요. 단골 미용실 유리창에 "밤 한 되에 만 원"이라고 써 붙인 글자가 눈에 확~ 들어오네요. 입맛이 당겨 그 밤을 샀어요. 포근포근한 밤을 먹고 있노라니 아련한 고향 생각이 절로 나대요. 어쩌자고 옛 추억에 잠 못 드는 이 밤, 무주에는 버드숫골, 밤숫골, 앞섬, 뒷섬, 방우리…… 그곳에서 함께했던 친구들이 밤톨처럼 실하게 익어가고 있겠지요. 떠올리기만 해도 정겨워 빙그레 미소 짓네요.

### 업業

달그림자를 길게 끄을며 집으로 돌아왔어요. 이른 새벽부터 동동거리다 한밤이 되어서야 철대문을 밀고 들어섰지요. 다리 뻗고 쉴 집이 있다는 게 얼마나 다행인지요. 모든 것은 다 때가 있다는 말을 실감하며 사는 요즘이에요. 공부며 돈 버는 일, 사랑하는 일 등등 모두 그렇다는 생각이 드네요. 인생농사, 자식농사 하물며 피땀 흘려 수확하는 농사일도 그렇지 않은가요. 이 나이에 뭐 그런 말들이 필요할까요. 시시로 찾아드는 쓸모없는 생각들을 껴안고 사네요.

**애愛**

어머니를 주제로 하는 영화나 연극이 봇물 터지듯 쏟아지고 있네요. '어머니'라는 이름이야 시간과 공간의 제약이 있을 수 있나요. 얼마 전에는 딸과 함께 〈엄마와 함께 2박 3일〉 연극을, 또 어제는 우연찮게 〈애자〉라는 영화를 보았어요. 극중 애절한 이야기가 아니더라도 목울대가 뻐근한 게 바로 어머니라는 이름 아니겠어요? "어머니!" 하고 부를 때 그 울림은 온 우주를 한바퀴 돌아 되돌아오곤 합니다.

가을 끝자락에 서 계신 어머니, 당신을 사랑합니다.

**생生**

전주천 만경강 줄기를 따라 달려가고 있어요. 강물을 가운데 두고 갈대가 서걱이는데 물 가운데에는 한가로이 비

오리가 놀고 있네요. 하늘이 무겁게 내려앉은 날이에요. 눈이라도 금방 쏟아져 내릴 것처럼 스산합니다. 자식 걱정에 무거운 짐을 이고 지고 계시는 부모님께 전화를 걸었어요. 주름투성이 얼굴이 갈대가 되어 흔들리네요. 유한한 목숨이어서 더욱 눈물겨운 건가요?

**심心**

가을이 점점 깊어가고 있어요. 고운 단풍잎처럼 내 마음도 붉게 물드네요. 오늘 같은 날에는 끝없이 깊은 곳으로 침잠하고 싶어요. 지나가는 가을바람에 온몸을 맡기고 어디론가 도망치고 싶어지네요. 모든 것이 풍요로운데 요요寥寥한 자리는 더욱 커져만 가요. 어느 시인의 말처럼 "외롭고 높고 쓸쓸한……." 이 가을에 내 마음을 내가 모르겠으니 참 답답한 노릇입니다.

**실實**

불혹不惑을 넘기니 지천명知天命이라고 하네요. 아직도 어설프고 설익어 허둥대며 사는데 나잇값을 하래요 글쎄, 이

냥저냥 살아온 세월이 벌써 그렇게 흘러버렸어요. 크게 잃은 것도 손해 본 것도 없는데 마음은 텅 빈 듯해요. 이럴 때 나는 초등학교 운동회날, 목청껏 불렀던 노래 '이겨도 내 동무 져도 내 동무'를 읊조리며 실실 웃지요. 언제쯤에나 눈 감고 귀 막아도 훤한 세상을 열어갈 수 있을까요.

# 일그러진 얼굴들

버스스톱에서 찬바람 탓인지 사람들이 잔뜩 웅크리고 앉아 있다. 버스가 정차하자 우르르 앞 다투어 먼저 오르려고 한다. 남녀노소가 따로 없다. 몸집이 커서 굼뜨게 보이는 중년 여인이 먼저 오르려는 찰나, 맨 앞에 서 있던 남자가 진입해 오던 버스 백밀러에 이마를 찧었다. 순간 그는 아픈 기색을 내비치며 멋쩍은 표정으로 뒷자리에 앉았다. 중간쯤에 자리한 나는 좀 전의 그 일로 신경이 쓰여 힐끔힐끔 뒤돌아보며 남자의 안색을 살폈다. 혹여 버스기사와 실랑이라도 벌이면 어쩌나 했는데 흔들리는 버스에 몸을 맡긴 채 앉아 있다.

오르고 내리는 승객들에게 시선을 향한다. 어느 승강장에서나 승하차하는 모습이 엇비슷하다. 버스가 안전하게 멈춰 설 때 그때 질서를 지켜 차에 오르면 될 터인데, 대부분의 사람들이 버스가 정차하기도 전에 조바심하며 차도로 내려선다. 그리고는 서로 먼저 타려다 몸을 부딪치게 되는가 하면 젊은이에게 밀려난 노인은 마뜩잖은 얼굴이 된다.

무심히 승하차 모습을 바라보고 있는데, 고막이 찢길 듯한 자동차 경적이 들려온다. 승용차 한 대가 버스와 속도를 맞춰 달리면서 쉼 없이 빵빵거리고 있다. 뭔가 억울하고 약오른 마음을 이렇게 표출하는구나 짐작한다. 승객들은 불안하고 불쾌한 표정으로 묵묵히 앉아 있을 뿐이다. 버스기사는 대수롭지 않은 양 승객의 승하차가 끝나자 다시 출발하고 우리를 불안하게 하던 승용차는 아무런 불상사를 저지르지 않고 사라졌다. 약간 술렁이는 듯하던 승객들은 다시 묵묵히 제자리를 지키고 있다.

요즘 보복운전이 사회적 문제로 보도되곤 한다. 상향등을 켜고 경적을 울렸다는 이유로 급브레이크를 밟아 사고를 불러오거나, 항의하는 버스기사를 차에 매단 채 달려간 일. 차선 변경 문제로 다투다 앞차에서 걸어 나온 상대 운전자를 전속력으로 들이받은 일, 야구방망이나 삽 같은 도구를 사용하여 상대방을 위협하고 자동차에 상해를 입히는 일 등등. 그럴 적마다 피해자의 처지인 양 막연한 두려움이 일었다. 작은 일이 큰일 된다고 하지 않는가. 버스 옆에서 신경질적으로 경적을 울려대는 승용차를 보고 뉴스가 생각났다.

한국인 남성은 유독 운전대 앞에서 무법자로 돌변한다고 한다. 나는 여성 운전자이므로 이 말에 더욱 공감한다. 또 정도의 차이는 있겠지만 본의 아니게 피해자가 아닌 가해자가 된 적도 있으리라. 남편도 어쩌다 '욱'하는 감정을 끌어올릴 때가 있다. 아뿔사! 남의 일만이 아니다. 바로 내 옆의 일이기도 한 것을.

교통실태 연구조사에 따르면 운전자의 40%는 보복운전을 당한 적이 있다. 경적을 울려대는 행위가 가장 많고, 전조등 번쩍이기, 욕설, 진로 방해 등이 뒤를 이었다. 그런가 하면 앞차의 서행운전으로 사고가 날 뻔하거나 끼어들기 때문에 울화가 치밀 때 보복운전을 하게 되더란다. 멀쩡한 인격과 능력을 가진 사람일 텐데 어찌 도로에서 운전대를 잡으면 몰인격적 행위를 하는가?

그들은 교통의 혼잡과 무질서, 운전자의 급한 성격 등을 꼽는다. 급한 성격이라니. 아마 한국인의 '빨리빨리'문화의 일면이리라.

'빨리빨리' 성격을 보니 가관이다. 자판기의 컵 나오는 곳에 미리 손을 넣기, 화장실에 들어가기 전에 지퍼를 내리기, 엘리베이터 문이 닫힐 때까지 '닫힘' 버튼을 누르기, 3분컵라면을 3분이 되기 전에 먹기. 공공장소 예절은 어디로 갔는가. 영화의 엔딩크레디트가 끝나기 전에 영화관을 빠져나가는 일, 연주자가 무대를 떠나기도 전에 소란스레 퇴장하는 일. 시민의 생활장소인 도심에서 툭하면

경적을 울려대는 일은 그야말로 부끄러운 '빨리빨리 한국인'의 작태다.

변명꺼리도 있긴 하다. 디지털 시대를 맞아 비판의 대상이던 '빨리빨리'의 기질이 긍정적으로 평가 받은 경우도 있다. '한글과 컴퓨터' 대표이사 전하진은 분석했다. 휴대폰, 인터넷, 전자상거래의 성장 속도가 세계에서 가장 빠른 나라는 한국인데, 그것은 한국인의 급한 성격 또는 냄비근성 덕분이란다. 대다수 외국인도 오늘날 한국의 인터넷 환경이 세계 최고수준인 것은 바로 한국인의 급한 성격 때문이라고 했다.

발전이 빠르다고 하니 좋은 일인가 보다만, 나는 이에 적응하느라 또 다른 조급함에 시달리고 있다. 급변하는 사회현상이 속도전쟁을 부추기니 적응하기 위해 모든 일을 쫓기듯 다급하게 처리하는 나의 모습이 초조하고 안타까울 때가 적지 않다. 그렇지만 마음안의 일이란 게 어디 강요해서 이루어지던가.

몇 개의 신호등을 지나 드디어 하차했다. 몇 발짝 걸어가는데 어디선가 자꾸 신음소리 같은 게 들려오는 듯하다. 괜히 걸음을 멈추고 두리번거렸다. 주위에 아무도 아는 이가 없다. 다만 사람들의 일그러진 얼굴이 긴 그림자를 끌고 서 있다.

# 2부

# 모리가 묻는다

# 헛다리 길에서

구들이 없는 아파트에선 아랫목 대신 온수매트에 몸을 부린다. 푸른 바다에서 막 건져낸 고등어라도 된 양 뒈작뒈작 앞뒤로 몸을 뒤집자니 땀으로 비릿해진다. 몸을 굴리듯 생각도 요리조리 굴려서 쓸 만한 심상心象 몇 개 건져 올리면 좋으련만 잡생각뿐이다.

하릴없이 누워 있는데 건넌방에서 색소폰 소리가 울려온다. 평생지기 그이가 문 꽁꽁 닫고 높낮은 음표들과 노는 소리다. 그 초보적인 음률은 내 기분에 따라 감미롭거나 우울하거나 서글프게 들린다. 오늘은 흐느적거리는 음계 마디마디가 검은 장막을 두른 듯하다. "난 참 바보처럼 살았군요, 난 차암 ~으~으~음~~." 그 대목이 성급히 삼킨 생선 가시처럼 목에 걸려 넘어가지 않는다. 몸이 흐느적거리면 마음마저 무너지는 것인지 지난 시간, 지난 일들, 어긋난 관계들이 '난 참 바보처러엄~~~.'으로 다가온다. 문득, 늦가을 나뭇잎 몇 장 달고 서 있던 그 길이 떠오른다.

드라마 〈겨울연가〉로 인해 연인의 섬으로 더 잘 알려진 곳. 반달 모양의 남이섬은 파란 하늘을 향해 곧게 자란 잣나무와 연인들의 속삭임처럼 부드러운 황금색 은행나무, 금슬 좋은 노부부의 뒷모습 같은 메타세콰이아 길이 향기롭고 아늑하게 펼쳐져 있는 곳이다.

어느 길을 걸어도 편안한 마음이었다. 만나고 헤어짐이 대수롭지 않다는 듯, 그림 같은 풍경이 걸음을 느리게 한다. 선선한 바람과 다정한 눈빛의 사람들, 상냥한 새들과 벗하며 두어 시간쯤 걸었을 무렵 흙길이 끝나고 통나무길 앞에 섰다. '헛다리길'이라고 쓰여 있다. 헛다리길이라니?

햇빛과 풍우에 절은 통나무는 남루하고 초췌한 모양새로 낡아가고 있다. 굴비처럼 엮어진 한 귀퉁이는 금방이라도 바스라질 것처럼 위태로워 보인다. 밧줄 사이로 낡아빠진 나무가 푸서석 밟히니 바스라지면 어쩌나 하는 생각이 든다. 기우이겠거니 여기며 사방을 둘러보았다. 한 해의 수명을 다한 나뭇잎들이 통나무길 아래 호면 위에 떠 있고 저 멀리 납작 엎드린 집 몇 채와 그만그만한 능선의 곡선이 하늘과 맞닿아 있다.

하, 서정적인 풍경을 둘러친 이 길이 헛다리길이라니. '헛' 이라는 단어가 행여 '쓸모없는'의 뜻으로 들리고 그 울림 때문에 조심스럽게 살피듯 건넌다. 한 걸음 두 걸음 발을 내디딜 때마다 다리가 삐걱거리며 가볍게 흔들리자 맘속 어디에선가도 삐걱대는 소리가 들려왔다. 지난날 헛다리짚어 부끄럽고 부질없던 헛것들을 향한 절규가 들려온다. 본의 아니게 헛짚기도 하고 헛짚히기도 해서 억울하던 기억들에게 손사래를 쳤다. 이미 지나간 것은 죽은 것이다.

과거의 일은 아픈 기억일지라도 아름다운 추억으로 재생된다는데……. 끄무레한 날씨 탓인지 구슬픈 가락 때문인지, 나는 헛다리길 위에 서서 맥없이 설움에 겨웠다.

"세상엔 헛수고, 헛일이 많습니다. 하지만 헛것이 헛것만은 아니랍니다. 헛것들이 인생입니다." 헛다리길 안내판에 쓰인 글귀를 천천히 읽으며 음미했다. 이울어가는 나이 탓일가? 헛산 것처럼 헛헛하고 쓸쓸했다.

하지만 생명의 존재는 살고자 하는 존재. 나는 아직 살아있고 내일은 새 힘 새 마음으로 잘살고 싶다.

헛다리길을 걸으며 다시는 미래라는 앞길에서 헛짚어 살지 않으리라, 혼자서 뇌었다.

# 그림이 준 화두

모악산母岳山.

어미 모母 자字의 효험인지 이 산자락에 안기면 늘 편안하고 아늑하다. 그 모악산 치마폭에 전북도립미술관이 안겨 있다. 사방을 에두른 그만그만한 산들과 구이저수지를 앞에 두고 멀리 바라보이는 국사봉 자락이 아름답다.

도립미술관에서 〈21세기 중국흑백목판화전〉이 열리고 있다. 독특한 발전과 사회적 기여로 잘 알려진 중국의 흑백 목판화. 그 변화 발전의 양상을 보여주고자 전시를 마련하였다고 한다.

중국은 이미 사회주의 이념의 몰락과 시장경제 도입으로 인한 부작용 등이 드러나고 있다. 그 부작용의 하나로 흑백 목판화의 우수한 전통이 사라져가고 있단다. 그래서 중국의 판화와 현대미술에 지대한 영향을 끼친 소설가 루쉰魯迅을 기리고 동시에 흑백판화의 부흥을 꿈꾸며 전시회를 개최했다. 바로 루쉰 서거70주년 기념전시회다. 우리에게 소개된 작품은 대작 중심의 95점이다.

전시장을 둘러보면서 사람의 손끝에서 탄생되는 무한한 예술성에 놀랐다. 작은 칼이나 끌에 의해 새겨진 곡선과 직선, 사선의 울림은 일상적 삶의 노래이고 아픔이며 절규였다. 그것들이 하나하나 음표로 되살아나 웅장한 교향악이거나 승리의 행진곡으로, 더러는 바이올린이나 플루트의 고운 음색으로 귓전에서 맴돌았다.

그중 쉬광의 〈아득한 갈길〉, 샹스러우의 〈티벳 노인〉, 장

엔지에의 〈중국서커스 시리즈〉 그리고 장뻬본의 〈삶과 죽음의 길〉이 퍽 인상적이었다.

〈아득한 갈길〉에는 순박하고 순종적으로 보이는 처녀가 나뭇단을 지고 외나무다리를 건너고 있다. 무거운 등짐을 지고 아슬아슬하게 통나무다리를 건너는 그녀의 얼굴에서는 그 어떤 희망조차도 꿈꿀 수 없는 고단함이 덕지덕지 묻어나오는 듯하다. 마치 그녀가 걸어가야 할 순탄치 않은 길을 암시해주는 것처럼. 가도 가도 끝이 보이지 않는 그 길은 숙명일지도 모른다.

샹스러우의 〈티벳 노인〉에서는 왠지 흙냄새가 났다. 두덕두덕한 얼굴에선 삶의 질곡과 세월이 만든 주름살이 대변하고 있다. 모든 것을 달관한 듯한 미소가 오히려 경외심을 불러온다. 버리고 다 비워서 가벼울 대로 가벼워진 노인에게서 무소무욕無所無慾을 배운다.

〈중국서커스 시리즈〉는 상해를 생각나게 했다. 외발자전거타기, 인간탑쌓기, 접시돌리기, 줄타기 등 소년소녀들이 펼치는 스릴 만점의 서커스를 즐겁게 보면서도 왠지 짠해지던 마음이었는데……. 작가는 관객의 표정과 중국서커스의 묘기를 실감나게 표현했다. 참 대단하다.

장삐본의 〈삶과 죽음의 길〉은 그냥 지나쳐버릴 뻔했다. 지나쳐 가려다 아, 작가의 필체로 적힌 〈생사지도生死之道〉라는 작품명에 마음이 끌렸다고 할까. 장삐본은 주로 부드러운 곡선을 사용했다. 태초의 고향인 어머니의 자궁을 연상하게 하는 동그라미 속 가운데에 누워 있는 사람을 두고, 위아래로 서 있는 사람들이 상대방을 자기 쪽으로 끌어당기려 안간힘을 쓰고 있다. 생과 사의 갈림길에 선 한 사람의 영혼을 이승과 저승의 경계에서 줄다리기하는 듯이 말이다. 어느 누군들 고통 없이 그 경계를 넘나들 수 있으랴. 가만히 들여다보니 "아침에 도를 깨우치면 저녁에 죽어도 좋다."는 공자의 말씀을 설파하려는 듯, 도道 자字를 뭉개고 앉아 그와 씨름하는 중생도 있다. 작가의 의도가 무엇인지 짐작을 해보려 하나 영원히 풀 수 없는 수수께끼 같은 물음만이 맴돌 뿐이다.

생生과 사死. 태어나고 죽는 일이야 내 의지로는 아니 될 터이나 이승에 머무는 동안만이라도 내 뜻대로 살 수 있으면 좋을 텐데. 세상 굴곡을 오르락내리락, 때로는 굽이굽이 돌아가야 하는 인생길은 결코 녹록지 않다. 전시된 그림만큼의 물음에 어느 한 가지 똑 부러진 해답을 찾지 못한 채, 마음속에 '생사지도生死之道'라는 무거운 화두를 화인처럼 찍어왔다.

작가의 혼이 담긴 작품들. 목판화라고 하기에는 믿기지 않을 만큼 섬세하고 정교한 대작大作이 많았다. 채색하지 않은 흑과 백의 조화가 단아하고 정갈해서 마치 단청하지 않은 산사에 홀로 앉아 있는 것처럼 고즈넉한 기분이었다.

언제, 얼마나 다른 예술에 빠져 본 적이 있던가. 누가 뭐래도 예술의 바다는 무한하고 위대하며 그 속에서 유영하는 예술인의 손길 또한 한없이 거룩하고 또 거룩하다. 그 예술혼이 나에게 전이되기를 꿈꾼다.

# 느림의 미학

제주도 선착장에 발을 내딛자 비릿함이 먼저 코끝에 와 닿았다. 바람이 윙윙거리며 작달비가 내리지만 빗속에 해안도로를 달렸다. 캄캄한 하늘 아래 검은 바다가 무섭게 들썩이고 있다. 집어삼킬 듯 사나운 파도와 세찬 비바람에 자동차가 이따금 기우뚱거린다. 밋밋하던 일상에서 여행을 떠나온 우리는 천둥 번개조차 반가워 강풍을 동반한 많은 양의 비가 내릴 것이라는 예보와 함께 제주도에서의 밤은 깊어갔다.

눈을 뜨자마자 귀를 기울여보니 빗소리가 들리지 않는다. 얼른 창문을 여니, 어젯밤 그렇게 요란하던 비바람이 흔적 없이 사라진 아침이 환하고 맑다. 전혀 예상치 못해서인지 와아! 탄성이 절로 나왔다.

해안도로를 달렸다. 분명 어제 보았던 그 하늘과 바다가 아니다. 성질 난 사자처럼 크르렁대던 검은 바다는 사라지고 잔잔하게 일렁이는 빛물결 위에 어선들이 고요히 떠 있다. 망망대해에서 목숨을 담보로 한판 승부를 벌일 그들이 점점 더 멀어질 때까지 나는 시선을 멈추고 바라보았다. 창해일속滄海一粟 같은 그들 앞에 잠시 경의를 표하며 무사귀환을 빌었다.

애월리 해안도로에는 자동차가 질주하는가 하면 자전거를 타고 달리는 젊은 커플과 배낭을 맨 채 두 발로 구석구석을 누비려는 사람들이 눈에 띄었다. 밭과 밭 사이, 집과 집 사이에는 까만 현무암이 어깨동무하고 서 있다. 구멍 숭

숭난 현무암은 제주의 상징이기도 하다. 구불구불 이어지는 돌담길 사이로 그림 같은 풍경이 펼쳐져 있다.

저물도록 실컷 바다를 바라보는 일과 올레 한두 코스를 걷는 일, 섬 속의 섬 우도에 가는 일 그리고 한라산 자락의 영실에서 윗세오름까지 산행을 하는 것으로 일정을 잡았다.

요즘 제주에서 인기몰이를 하고 있는 '올레 걷기'는 느리게 사는 법을 익히는 곳이라고 한다. 우리는 대장금 촬영지로 알려진 외돌개를 찾았다. 쨍쨍한 팔월의 햇살에 야자수며 동백나무 잎사귀가 물비늘처럼 반짝거리니 그 아래를 걷기에 안성맞춤이다. 이어서 태양을 머리에 이고 넓디넓은 바다를 보며 걷는다. 등줄기에 땀이 흐르지만 스치는 바람이 기분을 고슬고슬하게 해 주었다.

천천히 외길을 걸었다. 마음보다 앞서 가는 두 다리의 속도를 제어하면서 지나간 내 인생의 길들을 반추해 본다. 회억하건대, 빠름과 느림의 엇박자로 허둥대던 날들이 많았구나. 어떤 땐 서둘러서 낭패를 보았는가 하면 한 발 늦어 화를 면하기도 했지. 산다는 게 그런 것인가 보다. 한 모퉁이 돌아가면 뭔가 잡힐 것 같은데 도무지 한 치 앞도 가늠

할 수 없는 인생이다. 다만 지나간 시간만이 얼룩덜룩 추억의 무늬로 남아 가끔씩 슬몃 꺼내본다. 그러나 세월은 추억에 의미를 부여하게 하고, 그 추억을 되씹으며 삶의 지혜를 얻기도 한다. 어느 누구도 한 발 앞서겠다고 조바심을 부리지 않는 한가한 길에서 석양을 보았다. 천천히 물속으로 잠겨드는 붉은 햇덩이를 오래오래 바라보았다.

우도선착장에는 사람들로 북새통이다. 제각각 사연은 달라도 설렘만은 같아 보이는 사람들과 갑판에 서서 제 속을 뒤집어 보이는 물결을 넋 놓고 보는 동안에 금세 작은 섬, 우도에 도착했다. 섬 한 바퀴를 돌아준다는 버스에 올랐다. 운전과 가이드를 겸한 인상 좋은 아저씨가 우도를 소개하는데 승객들은 간간이 킬킬킬 하하하 웃었다. 웃으니 몸도 마음도 환해진다.

소가 돌아누운 모습과 같다는 우도牛島는 제주특별자치도에서 탐라1경으로 꼽힐 만큼 경승이 많다. 주간명월晝間明月, 야항어범夜航漁帆, 천진관산天津觀山, 지두청사指頭青沙, 전포망도前浦望島, 후해석벽後海石壁, 동안경굴東岸鯨窟, 서빈백사西濱白沙가 우도 8경으로 꼽힌다.

그중에서도 야항어범은 6~7월이 되면 섬 전 지역에 조업을 하는 수많은 멸치잡이 어선들이 집어등集魚燈을 밝히는데 그 휘황찬란함이 장관이란다. 서빈백사 섬 서쪽의 산호 백사장이 하얀 빛으로 반짝이는데 그곳에서 바라보는 지미봉이 절경이다. 빛나는 햇살, 푸른 초원에 한가로이 노니는 어미소와 송아지, 야트막한 등성이를 힘차게 달리는 말들의 함성, 나무의 수액까지 보일 것 같은 청정한 기운만으로도 가히 비경이다.

우리는 한가하게 섬을 천천히 돌았다. 거인고래가 살았다는 동안경굴 모래밭에선 뙤약볕에 달구어진 검은 모래에 발찜질을 하고, 일출 때면 아침바다를 붉게 물들인다는 백사白沙와 수심에 따라 색다르게 보이는 물빛에 탄성을 질렀다. 해변가 물속이나 백사장에는 사람 반, 텐트 반으로 휴가객이 북적대었다. 무리지은 사람들 속에서 휴가를 보내는 셈이었다.

집 떠났으면 돌아오는 시간도 오게 마련. 1,100m 고지의 도로를 달리는 아침길이 무척 상쾌했다. 영실에서 윗세오름까지 오밀조밀하고 신비스러운 경관은 자연의 정취를 한껏 안겨주었다. 카메라 앵글 속에 가둘 수밖에 별 도리가 없다. 작은 새들과 울창한 나무들, 녹음과 기암괴석, 들꽃에 취해서 원없이 행복했다.

느림의 미학을 알게 해준 올레길. 제주도에서의 여러 날이 꿈처럼 지나갔다.

# 모리가 묻는다

아주 오래전, 봄이 오면 어질어질 봄멀미를 할 때가 있었다. 봄볕의 현란함 속에서 생기를 되찾는 새싹이 돋고, 꽃이 피고, 새가 우짖건만 나는 자꾸만 움츠러들었다. 푸성귀들이 봄비를 맞아 싱그러운 물방울을 매달고 푸른빛으로 반짝거릴 때에도 내 눈에는 비질비질 이슬이 맺히고 마른버짐

번지듯 마음이 가물어 갔다. 삶의 의욕은 고사하고 정신마저 옹송옹송해서 접촉 불량의 전구 같던 나는 어느 봄날, 가장 인간답게 살려고 애쓰는 모리와 미국을 적시는 소나기 언론의 한 축을 이루며 바쁘게 살고 있는 미치를 만났다.

평생 학생들과 함께한 모리는 사회학 교수다. 어느 날, 브레이크 페달을 밟을 수 없게 되고 혼자서는 옷을 갈아입을 수 없게 된다. 하던 일들을 송두리째 그만두어야 하는 루게릭이라는 시한부 인생 선고를 받는다.

모리는 충격에 휩싸여 세상을 둘러보았다. 세상은 멈추지 않고 아무 일도 없다는 듯 잘 돌아가고 있음을 인식하면서, 남은 인생의 계획을 세우고 병문안 오는 문병객들을 즐겨 맞으려 한다.

그는, 죽음은 당황스런 것이 아니라는 신념을 가지고 병석에서 아포리즘을 쓴다. 그것으로 인해 전국적으로 알려지고 20년 전 제자 미치와 재회하게 된다.

많은 꿈들을 월급봉투와 맞바꿔버린 37세의 미치는 매주 화요일마다 1,100km를 날아간다. 여러 가지 자기 생각들을 혼자 껴안고 있길 좋아하는 사람, 대학교 때의 스승인 모리를 만나기 위해서다. 그들은 스승과 제자로, 때로는 친구나 부자父子 같은 관계로서의 나눔을 통해 '세상에 태어나서 어떻게 살다 어떻게 떠나야 하는지'에 대한 해답을 던져준다.

정신적인 안정감을 주는 가족과 자식을 갖는 경험은 더없이 소중하다며 옛날로 다시 돌아가도 자식을 낳겠다는 모리는, 벗어나기와 경험하기를 통해 물질의 무의미를 이야기한다. 또 돈과 권력이 다정함을 대신할 수 없다는 것과 진정한 봉사의 의미를 가르친다. 마음속에서 우러나는 일을 하고 그들에게 베풂으로써 자신에게 되돌아오는 것들에 압도당할 거라고 말한다. 그에게 복수심, 고집, 자만, 허영 등등은 모두 불필요한 것이다. 그러므로 그는 자기 자신과 주위의 모두와 화해할 것, 그리고 자신과 타인을 용서할 것을 권한다. 시간을 끌지 말라고.

모리의 아포리즘 중 "인생은 밀고 당김의 연속이며 상반됨의 긴장"이라는 것과 "너무 서둘러 떠나진 말며 너무 오래 매달려 있지 말라."는 말은, 생을 어떻게 갈무리하며 살아야 하는가를 뼈저리게 느끼게 했다. 죽음이 온몸을 침범

해 들어오는 고통 속에서도 환한 웃음을 잃지 않은 모리. 그는 78세를 일기로 세상 밖으로 사라졌다.

접촉 불량의 전구처럼 정신이 깜빡거리고 있는 그 무렵, 모리의 삶과 죽음은 많은 것을 숙제로 남겨주었다.

생生과 사死! 우리 삶에 있어 이보다 더 크고 무거운 화두가 또 있을까.

사람이 세상에 태어나고 죽는 일을 마음대로 할 수 있으랴마는, 부모연을 맺어 세상 빛을 보게 되는 그 순간부터 우리는 고해에 내던져지는 게 아닌가 싶다.

모리의 죽음을 지켜보면서 나는 죽음도 삶과 다를 바 없다는 것을 깨달았다. '태어나서 죽는 일까지가 모두 수평적인 연속선상에 놓여있구나.'라고 생각했다. "내일 지구가 멸망하더라도 오늘 한 그루의 사과나무를 심겠다."던 스피노자의 말이 떠오르기도 했다.

그럼에도 불구하고 속세의 우리에게 죽음으로의 길은, 무섭고 두려운 암흑의 길임을 부정할 수가 없다.

누구도 대신해 줄 수 없는 외롭고 쓸쓸한 그 길을, 우리 할머니도 그렇게 말없이 떠나갔다. 보고 싶을 때 볼 수 없어 안타까워했던 그들이 이제는 살아있는 우리들 곁에서 점점 잊혀져가고 있을 뿐이다. 사는 게 팍팍하고 몹시도 무기력해지는 날이면 종종 모리를 생각한다.

지금은 어느 호숫가 나무 그늘 아래에 잠들어 있지만, 나는 모리를 만나던 따뜻한 봄날을 잊지 못하고 있다. 서서히 죽어가는 고통 속에 살다 간 모리가 나에게 묻는다.

"자네, 마음을 나눌 사람을 찾았나?"

"지역사회를 위해서 뭔가 하고 있나?"

"마음은 평화로운가?"

"최대한 인간답게 살려고 애쓰고 있나?"

# 밤바다의 물결 소리여

변산바람꽃이 피었다고 한다. 변산바람꽃이 진다고 한다. 봄바람이 불자 사람들 가슴속에도 봄바람이 분다. 나만 어둠의 벽을 허물지 못하고 애벌레처럼 웅크리고만 앉아 있는 양 하다.

느닷없이 김용옥의 〈밤바다의 월인月印문자〉라는 수필

중에서 "저 곡曲지고 울렁이는 달그림자. 아, 저건 월인月印 문자다. 월광이 밤바다에 새겨 쓰는 문자다!"라는 구절이 전광석화처럼 스쳐갔다. 새삼스레 가슴이 쿵쾅거린다.

이 작품은 곡曲지고 울렁이는 해수면에 하얀 상형문자를 끊임없이 생성해내는 달그림자를 밤바다의 월인문자라 풀어냈는데, "작가의 깊은 안목과 감각적이고 현란한 시적 필치"에 푹 빠져, 앉은 자리에서 두세 번이나 연거푸 읽을 정도로 진한 감동을 받았다. 이 글은 전북해양문학상 수상 작품으로 "수필의 진수가 어떠함을 실증적으로 보여주었다."는 심사평을 들었다. 또한 "우주의 끊임없는 새 생명의 시작과 소멸, 변화와 부활을 거듭하는 불가의 윤회輪廻나 주기적으로 궁窮과 달達이 순환하는 주역의 철학을 풀어낸 것이 작품의 심도를 높였다."는 평도 덧붙였다.

한동안 잊고 있던 그 작품을 다시 읽고서 나는, 밤바다를 맞으러 갔다. 어느덧 해가 뉘엿뉘엿 붉게 놀을 번지며 해수면 속으로 가라앉기 시작할 무렵, 변산바다의 끝자락에 닿았다. 굽이굽이 인생길 같은 몇 개의 모퉁이를 지나며 무작정 달려온 사월의 바다는 외롭고 쓸쓸했다. 마지막 한 줄기

밝음마저 스러지자 어둠과 적막뿐. 별도 달도 뜨지 않은 칠흑 같은 밤이 스멀스멀 가슴팍으로 기어들었다. 하필 그믐이라니. 그래도 먼 바다엔 하얀 물비늘이 돋았다 스러지곤 했다.

백사장 한가운데에서 무릎에 턱을 괴고 앉아 멀리 수평선을 바라보았다. 만선의 배가 항구에 닿는 뱃고동 소리가 들려 온다. 흐릿한 어둠 속에서 어부들의 부산한 발걸음 소리가 다가왔다 멀어진다. 대문을 밀고 들어서는 사내를 반가이 맞이하는 가족들의 왁자함과 구수한 된장 냄새가 담장을 넘는다. 가족의 일상이 주는 편안함과 즐거움이 밀려든다. 입가에 웃음이 번진다. 사람살이가 다 거기서 거기구나.

바다는 잔잔했다. 썰물로 드러난 개펄에서 이따금 뭔가가 개똥벌레처럼 반짝 하고는 이내 사라진다. 머리 위를 선회하던 갈매기들마저 어디론가 떠난 지 한참이다. 엉덩이에 한기가 돌지만 밤바다가 그려내는 상형문자 하나 받아 적어 보려 한다. 받아 적기가 쉬우랴. 그저 비릿한 바다 냄새나 깊이 느낄 심산으로 천천히 백사장을 거닐었다. 밤바다의 부드러운 기운이 나를 어루만진다.

쏴아아 달려오는 파도 소리를 친구삼아 옛이야기를 꺼내었다. 답답한 가슴으로 퍼렇게 울어대던 여인과 그녀에게 버려진 청년의 눈물이 파도친다. 어느 굽잇길에서 어둠 속에 갇혀 울던 남자의 사연이 또다시 부서진다. 바다는 밉다, 곱다, 싫다, 좋다는 아무런 말이 없다. 내가 듣고 싶은 이야기를 들려줄 뿐이다.

걸음을 멎고서 눈을 감았다. 깊이 바다 향을 마시며 마음 속으로 흘러온 이야기를 털어냈다. 저 밤바다가 나를 찾아준 듯했다.

김용옥 작가의 밤바다가 그려내는 무한의 언어를 낚아채지는 못했어도, 경건한 몸과 마음으로 밤바다의 희미한 윤슬을 한껏 받아마셨다. 온몸에 감겨드는 바다 내음이 상큼했다.

※ 이 글은 2016년 봄, ≪수필과비평사≫에서 '수필가가 감동한 수필' 한 편을 추천하고 그 추천의 변을 써달라는 원고청탁을 받아썼다. 그동안 자천타천 명수필이라는 작품을 많이 만났지만, 막상 딱 한 편의 글을 추천하려니 어려웠다. 열 손가락이 모자랐다. 그런 즈음에 문득 근래에 읽

었던 작품 하나가 머리를 스치고 지나갔다. 김용옥 작가의 <밤바다의 월인문자>였다.

이 작품을 처음 만났을 때 '월인문자'라는 기발한 발상에 반하여 연거푸 읽었다. 반복하여 읽을수록 접근하기 어려운 인생과 자연의 순리와 철학에 빠져 허우적댔다.

어느 날 나는 김용옥의 밤바다를 보고야 말리라는 생각으로 부안 밤바다로 달려갔다. 좀 더 근사한 밤바다에 취하고 싶어 고사포해수욕장으로, 수성대로, 하섬으로 자동차를 몰았다. 하지만 무작정 달려간 것부터 불찰이었다. 하필 그믐이어서 시간이 흐를수록 칠흑 같은 어둠뿐이었다. 야심찬 나의 의도는 불발로 끝났으나 가지 않은 것보다야 백번 나았다. 한결 마음이 가벼워지고 철썩거리는 파도 소리에 귀기울이며 걷는 밤길이 오롯했다. 적적해서 좋았다. 적적한 만큼 가슴안에 비릿한 비애가 고여 왔다.

그녀처럼 나는 월인문자나 불립문자를 그려내지 못하고, 월광의 소나타도 듣지 못했다. 또한 물아일체의 경지에 오를 수도 없었다. 다만 이 글에서 생은 무엇이고, 삶은 무엇이며, 어떻게 살아야 하는지를 살짝 엿보았다고나 할까! 한 편의 수필이 내 인생에 대한 깊은 성찰과 사유를 몰고 온 것이다.

# 무주에 간다

휘파람 날리며 무주에 간다.

세상일이 무미건조해서 그 짐 다 내려놓고 싶을 때 훌훌 털고 무주에 간다. 우아동 굴다리를 지나 모래재를 넘어 한참을 가다보면 우뚝 솟은 신비의 봉우리 마이산이 반긴다. 마이산을 옆구리에 끼고 조금 더 가면 용담호가 한눈에 들어온다. 이들은 무주를 오가는 내게 덤으로 기쁨을 안겨주는 자연의 선물이다.

전주에서 무주를 향해 가려면 고속도로와 국도를 이용할 수 있다. 시간을 다투는 일이 아닌 바에야 언제나 휘어진 산길과 평평한 도로가 어우러진 국도를 택한다. 그 길 위에는 사십여 년 동안의 숱한 추억들이 담겨 있기도 하지만, 아기자기한 산들과 자연의 풍광을 느린 시선으로 만끽할 수 있기 때문이다.

가끔 아무런 목적 없이 길을 나선다. 고향이라는 푸근함과 편안함에 함께하는 이 없어도 두렵지 않은 여행길이다. 무주에서 태어나 학교를 다니고 처녀 시절엔 밥벌이를 했던 곳. 결혼해서는 내 아이들의 유년 시절을 살찌웠던 곳. 나를 낳아준 부모님이 자식들을 위해 고추며 배추를 가꾸며 노년의 쓸쓸함을 비워내는 그곳은 지금도 변함없이 넓은 품으로 나를 반겨준다.

싸리재를 넘는다. 이 재를 넘으면 한눈에 들어오는 무주의 풍경. 납작 엎드린 집들과 남대천 그리고 정 많은 사람들이 이웃하고 있다. 그뿐인가. 내가 처음 문학과 연을 맺게 된 곳이고 20년이 넘게 가족처럼 지내 온 문우들이 있다.

몇 년 전부터 이곳에서는 눌인訥人 김환태 선생을 기리는 문학제를 열고 있다. 한국비평문학의 효시라고 숭앙받고 있는 선생은 무주에서 태어나 한국문단의 지평을 넓혀가던 중에 서른다섯이라는 젊은 나이에 그만 생을 마감했다.

'눌인 탄생 백 주년 기념문학제'를 시작으로 2015년 제7회에 이르기까지 문학제에 열심히 참여하였던 나는 선생의 향기가 그리워 그에게로 먼저 걸음을 옮겼다. 무주가 한눈에 내려다보이는 언덕에 둥근 집 한 채 지니고 고이 잠드신 그 곁에 다소곳이 앉아 사방을 둘러보았다. 한쪽 비스듬한 길에는 개망초꽃, 무덤가에는 원추리, 채송화가 피어 있다. 소나무와 배롱나무가 손바닥만 한 그늘을 만들어 줄 뿐, 칠월 땡볕의 더위를 식힐 곳은 없다. 마음에 드는 나무의자 두 개가 있으나 비워두기로 하고 선생의 가까이에서 문학정신을 더듬었다.

좀 색다른 선생의 묘에는 "여余는 예술지상주의자 - 남도 그렇게 말하고 나도 자처한다."라고 쓰여 있다. 이는 눌인의 예술정신과 문학정신을 한마디로 대변해 주는 말이 아닌가 싶다. 그 말은 맥없이 나를 부끄럽게 하며 부럽게 한다. 빼꾹새, 풀벌레와 벗하며 노작노작 한두 시간을 보내다 일어섰다.

넘실넘실 흐르는 남대천을 뒤로하고 버드숫골을 지나 괴목리로 향했다. 초등학교 1학년 때 코흘리개 친구들과 소풍 왔던 기억이 새롭다. 적상산과 양수발전소를 곁눈질하면서 무주리조트로 향한다. 울창한 산숲에 들고 싶어서 리조트 안 깊숙한 곳에 몸을 부렸다. 북적대지 않아서 좋은 한낮의 정자에 앉아 신선놀음을 한다. 그야말로 망중한이다. 공중부양을 하듯 바람 따라 훨훨 덕유산 자락을 넘는다. 살아 천 년 죽어 천 년이라는 주목의 등걸 아래서 한숨 돌린 후 비탈진 산길을 줄달음친다. 칠연계곡의 폭포수가 시원하게 쏟아져 내리는데 추억 속 세 여인이 머리에 함박꽃을 꽂고 나풀나풀 춤을 추며 즐거워한다. 꼬리에 꼬리를 물고 오는 상념들이 바스락 소리에 놀라 도망친다. 귀여운 다람쥐 한 마리가 점심식사 중인가 보다. 맛있게 먹는다. 허기를 느낀 나도 일어섰다.

기암괴석이 절벽을 이루고 병풍처럼 두른 모습이 금강산

을 연상시킨다 하여 소금강이라 부르는 파회의 언저리에서 야금야금 추억을 갉아먹었다. 몇 년 전 동창회 때, 같이 늙어가는 친구들과 깔깔대던 넓적바위 사이로 세찬 물살이 흘러간다. 구름다리 위에서 보았던 단풍나무는 여전히 건강하다. 산과 계곡, 바람과 나무, 내 발 밑으로 기어드는 왕개미가 전부인 한적한 여름, 그래서인지 문득 사람이 그리웠다.

라제통문으로 향했다. 백제와 신라가 경계를 이루고 살았던 역사의 흔적을 엿볼 수 있는 그곳의 한켠에 눌인 선생의 문학비가 세워져 있다. 순수문학을 주창하고 순수문학의 씨앗을 심어놓았다는 선생은, 일제암흑기에 친일문학을 단호히 배격하고 저지하는 데 앞장선 분으로 널리 알려져 있다. 새삼스레 머리 숙여 선생의 문학정신을 되새겼다.

하루의 나들이가 이만하면 족하다 싶어 집으로 향하는데 반디랜드가 발목을 잡는다. 한두 번 둘러본 적이 있어서 분수대 옆의 정자에서 잠시 쉬었다.

나이 탓인가. 바람처럼 스치는 옛 생각을 어쩌지 못하고 다시 추억 속에 젖는다. 추억이 많은 사람을 행복한 사람이라고 하던가. 촉촉한 가슴이 더워진다. 끝내 버리고 비울 수 없는 것이 추억이며 고향이라면 이 순간 나는 참으로 행복한 사람 아니겠는가.

종종 고향 산천을 누비며 시들해진 생활에 활기를 불어 넣어야겠다. 남대천을 지나고 싸리재를 넘는다. 멀리서 마중 나오는 산그림자가 어서 오라 손짓한다. 산모롱이를 돌고 돌아 내 집으로 가는 길, 그 길에도 산새가 울고 백일홍이 활짝 피었다. 둥그런 해가 서산에 걸리었다.

# 무주 산골영화제

청정자연 무주에서 펼쳐지는 영화 소풍! 소풍가듯 설렘을 안고 찾아간 무주 산골영화제. 산, 들, 바람, 구름, 해와 달이 같이 어울려 노는 축제라는 말에 솔깃해 주말 오후 무주로 떠났다. 제4회를 맞이한 무주산골영화제는 2016년 6월 2일에 시작하여 5일간, 27개국 82편의 영화를 선보이는 축제다.

"설렘, 울림, 어울림"이라는 슬로건 아래 "창窓-새로운 시선의 영화를 만나다, 판場-영화 보러 소풍 가자, 락樂-초여름의 뜨거운 밤을 즐겨라, 숲林-영화 보고 캠핑도 즐기는 숲 속 영화관, 길路-우리 동네에 극장이 생겼어요."라는 주제로 예체문화관 대공연장을 비롯하여 여러 곳에서 다양한 빛깔의 영화를 상영한다. 산골영화제에 걸맞게 지역의 변두리나 오지마을에서 판을 벌이는 점이 특별하고 인상적이지 않은가.

무주에서 가두방송으로 저녁행사를 홍보하고 있다. 경기도와 전라북도의 국악단원들이 사물놀이패와 협연한다고 안내한다. 방송을 듣자니 삼십여 년을 훌쩍 뒷걸음질쳐, 이곳에서 공직생활을 하던 때가 떠오른다. 이곳은 내 고향 무주 아닌가!

공무원 생활을 하던 그때, 군민들과 더불어 하는 크고 작은 행사가 열릴 무렵이면 어김없이 거리방송을 하곤 했다. 마이크를 손에 쥐고 동네의 길을 누비는 일이 간혹, 내 임무가 된 적이 있다. 생각만으로도 정겨운 고향의 행사에 무작정 달려가고 싶어 조바심난다. 나는 오늘도 산굽이를 돌고 돌아 고향 땅을 밟았다.

어린 시절과는 비교할 수 없을 정도로 달라진 거리와 풍경이지만 진흙 속에서 진주를 찾아내듯 하나 둘 떠오르는 추억을 즐길 수 있는 곳. 낯익은 얼굴보다 낯선 이들이 더 많지만 찬찬히 그들의 낯빛을 훔쳐보며 싱긋 눈인사라도 날리고 싶은 마음이 출렁이는 곳. 일 년에 너댓 차례 다녀가는데도 시시때때로 그리워지는 것은 어쩔 수 없는 회귀본능 때문인가 보다. 추억을 곱씹으며 영화관에 닿았다.

〈선생님 일기〉는 태국의 멜로 영화로 니티왓 다라톤 감독 작품이다. 팔에 별 문신을 했다는 이유로 교장 선생님과 갈등을 겪던 여교사는, 자기 의견이 관철되지 않자 태국의 오지 섬마을 수상학교로 발령을 자청한다. 젊고 당돌한 여교사 '앤'은 그곳에서 온갖 어려움을 극복하면서 책임 있는 교사로 성장한다. 그리고 1년 뒤 '앤'이 떠난 자리에 레슬링 선수였던 '송'이 온다. 그는 휴대전화 신호도 잡히지 않는 곳에서 외롭게 지내다 '앤'이 남기고 간 일기장을 발견하게 된다. 그 일기장에서 그녀에게 깊은 유대감을 느끼고 그녀의 수업방식, 생활방식을 모방한다. 시간이 흐르면서 점점 '앤'은 '송'의 그리움의 대상이 된다. 1년 후, '송'이 떠난 자리에 다시 '앤'이 돌아온다. '앤'은 자신의 일기장에 쓰인 '송'의 마음을 읽는다. 결국 둘은 수상학교에서 우연히 만나 서로의 진실을 알게 된다.

한 공간, 다른 시간 안에서 벌어지는 두 캐릭터가 교차하는 이야기와 몇 명 안 되는 맑고 순수한 학생들과의 소통은 퍽 유쾌하게 했다. 한번도 기차를 타보지 못한 아이들을 위해 보트와 수상학교를 연결해 기차처럼 물 위를 달리게 하는 '송'과 쉽게 기억할 수 있도록 이름을 몸짓으로 표현하는 아이들, '앤'의 재치와 익살에 관객들은 웃음을 터트렸다. 기대 이상의 만족도 때문인지 긴 앤딩크레디트도 지루하지 않았다. 배경음악에 맞춰 어깨를 흔들었다.

행사 마당에서는 흥겨운 공연이 벌어지고 있다. 전통과 퓨전 한마당이란다. '전북도립국악원 관현악단'과 '경기도립국악단' 100여 명의 연주자가 출연, 전통예술의 아름다운 선율과 멋을 선사하고 있다. 공연의 대미를 장식하는지 사물놀이패의 꽹과리 소리가 자지러진다. 덩더꿍 ~ 더꿍 장구며 북소리가 남대천을 건너 향로봉으로 달음박질친다. 어깨를 들썩이게 하면서도 그 무언가에 울컥울컥 목메이게 하는 참 좋은 우리 가락이다.

꽹과리는 징과 북, 장구와 한타령으로 간드러지더니, 사람들이 왁자한 시골장터 탁주집으로 줄달음친다. 봉숭아꽃 물들이던 외가 장독대와 술래잡기하던 숙이네 광까지 한달음이다. 잡귀를 몰아내고 새 정령을 모셔 들이는지 정지며 헛간에 별똥별이 스쳐간다. 신바람 난 사물놀이패는 순박하고 끈질긴 민초들의 고단한 삶을 위로하는 양 힘찬 리듬을 이어간다. 끊길 듯 이어가는 놀이에 맥없이 숨이 차다. 북과 꽹과리의 장단이, 꽹과리와 장구의 화음이 어둠의 강을 넘나드는데 지잉~징징 우는 징소리가 허공에서 물무늬로 번진다. 나는 그만 아득해진다. 관객들은 우렁찬 박수와 환호로 아낌없는 찬사를 보낸다. 남녀노소의 사람들이 넓은 운동장에 그득한데, 그들의 환한 낯꽃이 연보라 등꽃처럼 보였다.

그쯤에서 나는 발길을 돌렸다. 〈선생님 일기〉란 영화 속에서 뒹굴던 아이들의 해맑은 눈망울과 그늘 없는 환한 웃음이면 충분하다. 학원으로 내몰리며 컴퓨터게임에 푹 빠진 우리나라 아이들의 얼굴이 떠올라 마음이 무거웠다. 훌륭한 선생뿐 아니라 좋은 부모가 되는 일이 결코 쉽지 않음을 재삼 느꼈다.

아이들만큼이나 순수한 선생님, '앤'과 '송'의 재회가 내 가슴을 뛰게 한다. "멀리 있는 사람을 그리워한다는 게 생각보다 행복하다."는 영화 속 말이 젊은 날에 듣고 싶었던 속삭임처럼 달콤했다.

# 작은 일본, 군산에 가다

유난히 눈이 많이 내린 2015년 겨울엔 호남평야 너른 들에 새하얀 비단을 깔아 놓았다. 도로 양쪽에 늘어선 벚나무의 앙상한 나뭇가지 위로 고운 솜구름이 걸려있는 신작로를 따라 일제강점기에 개발과 수탈의 현장이었던 군산으로 향했다.

군산은 서해안의 항구도시로 수탈한 곡식들을 일본으로 빼돌리고 물자를 들여오는 등 지형적으로 중요했기 때문에 일본인이 많이 거주하였다고 한다. 그런 연유로 '작은 일본'이라고까지 불리었다고 하니 그 시절에 겪었을 군산 사람들의 참혹한 아픔은 귀동냥으로 얻어듣고 어렴풋이 짐작해 볼 뿐이다.

일본은 군산 개항 이후, 어느 지역보다도 상대적으로 광활하고 비옥한 호남지방의 방대한 농토에서 거둬들인 농산물을 일본으로 수송하는 데 여념이 없었다. 그러므로 군산항은 항구로서의 역할과 기능을 잃은 채 오직 일본인들이 수탈한 농산물을 실어 나르는 일만이 강요되었던 곳이다.

일제강점기에 호남평야에는 수많은 일본인 농장주가 있었다. 특히 넓은 농토와 편리한 운송시설이 갖추어져 있던 군산지역에는 유독 많은 일본인이 살았다. 그들 중 시마타니와 구마모토는 대표적 인물이다.

시마타니는 당시, 칠만 원으로 발산리 인근의 토지를 사들여 농장을 만들었고 그 후로 인근 임피면 등의 농지를 소유했다. 현재 발산초등학교의 운동장은 당시 미곡건조장

자리였으며 학교 교사는 본래 쌀창고였다고 하니 엄청난 수확량을 헤아리게 된다. 또 본관의 새로 지은 2층 건물에는 사무실과 안채가 있던 자리로, 안채 뒤쪽의 3층짜리 금고형 건물이 회랑으로 연결되어 있고, 여기에 농장 소유의 정미소와 창고까지 있었단다.

골동품 수집에 열을 올렸던 그는 수많은 서화와 도자기, 불상 등을 닥치는 대로 수집했다. 해방 후 국립중앙박물관에서 모두 회수해 '시마타니 금고 보관 유물'로 보관되어 있지만, 학교 뒤쪽에는 석조유물과 금고로 이용되었던 3층짜리 건물이 뼈아픈 역사의 흔적으로 남아 있다. 미제 철문에는 자물쇠가 굳게 입을 다물고 있는데 이 금고가 6·25동란 시에는 감옥소로 사용되었다고 한다. 내부를 살펴보자니 컴컴한 건물 안 어디쯤에서 내지르는 외마디 비명에 금방이라도 뒷덜미를 잡힐 것 같은 두려움에 몸이 떨렸다.

대한제국 전체에서 가장 많은 토지를 소유한 최대의 지주였던 구마모토는 일제강점기에 일본인 농장주들의 화려하고 호사스러운 생활모습을 짐작할 수 있게 했다. 대학생이었던 그는 대한제국의 전국 각지를 여행하다가 우연히 군산의 넓은 농토와 만경강의 풍부한 수자원을 발견했다. 귀국하자마자 오사카의 ≪매일신문≫에 조선견문기를 쓰면서 군산과 옥구 일대의 농장화 가능성을 상세히 피력하였다. 이를 계기로 ≪매일신문≫의 모토야마 사장으로부터 투자를 끌어내고, 농장 관리권까지 위임받는다. 이후 그는 쌀값 상승으로 돈을 모으면서 끊임없이 땅을 사들여 천만여 평의 논을 소유하게 되었다.

이 나라 땅에 눌러 살던 시마타니와는 달리 일본 도쿄와 경성에서 주로 거주하던 구마모토는 지금의 개정동에 조선총독부 관저와 비슷한 건물을 짓고, 일 년에 두세 차례 농장을 방문할 때 임시 거처로 이용하였다. 건물의 외관은 고풍스러운 서양의 분위기를 드러내고 있지만, 집안은 한옥과 일본식 건물의 특징이 섞여 있다. 일본 패망으로 한국이 해방을 맞자 칠십 세에 귀국선을 타면서 농장 땅은 신한공사로, 농장 진료소인 자혜의원은 개정병원으로, 구마모토가 거주하던 가옥은 그의 농장에서 의사로 근무하던 이영춘 박사에게로 이전되어 '이영춘 가옥'으로 불리고 있다. 그러나 고귀한 봉사와 희생정신으로 인술을 폈던 이영춘 박사는 어느 것 하나 본인의 소유물로 하지 않았다고 한다. 이 박사의 족적을 더듬자니 절로 고개가 숙여졌다.

이 두 농장주의 소작농들은 자기들이 생산한 쌀을 배불리 먹어보지도 못하고 일본으로 반출되는 광경을 지켜보아야만 했다. 오로지 일본의 풍부를 증식시키기 위한 수단인 동시에 한국인에게는 고통을 더하는 곡식일 뿐인 곡물의 종결지는 군산내항이었다. 서해안 조수간만의 차로 농산물을 바로 싣기가 어려우니 바닷물 수위에 따라 자동으로 높이가 조절되는 선박의 접안 시설물을 만들었다. 밤낮으로 곡물을 운송해야만 했던 뜬다리 부두는 그야말로 눈물의 다리요 항구였다. 이곳을 통해 곡식 생산량의 절반 이상이 일본으로 넘어갔다. 그 뼈아픈 다리는 지금, 새만금 시대를 맞아 경제개발을 위한 역사의 현장으로 또 다른 꿈을 꾸고 있다.

쌀 한 톨을 생산하기 위해 여든여덟 번의 손길이 닿아야 한다는데…….

허기진 배를 부여안고 논두렁 밭두렁을 오가며 피땀 흘려 가꾼 곡식을 허망하게 빼앗기고 겨우 목숨만 부지하고 살았던 소작농들의 서러운 세월이 내 속을 적신다. 어찌 그뿐이었으랴. 우리의 육체와 정신을 함께 말살하려 했던 일본인들은 삼천리 금수강산에 대못을 박고 또 박았다.

한때는 치욕스러웠던 일제강점기의 흔적을 지우고자 국가에서 발벗고 나선 적이 있으나, 군산 내항 인근에는 아직도 일제강점기의 흔적이 많이 남아 있다. 국내 유일의 일본식 사찰인 동국사와 그 주변의 적산가옥, 우리나라에서 가장 긴 역사를 자랑하는 '이성당' 빵집과 옛날 '조선은행 군산지점', 구 '군산세관'이 보존되고 있다.

하지만 그 잔재가 꼭 나쁜 것만은 아닐 것이다. 역사적인 교육 자료로 잘 활용하는 것도 좋을 것이다. 우리에게 더욱 절실한 일은 통한의 역사를 무조건 없애려는 일보다 그 실상을 바로 알고 절대 잊지 않겠다는 자세를 갖는 일이다.

비 온 뒤에 땅은 더욱 굳어진다고 했던가. 왜구의 침입이 잦았던 우리나라 대한민국은 상처투성이이지만 굳세게 견디고 잘 버텨서 오늘의 강국을 이루었다.

전군도로의 벚나무를 바라보는 마음안으로 칼끝 같은 한기가 지나간다. 그래도 봄이 오면 나는, 화사한 벚꽃 아래서 희희낙락 꽃비를 맞을 것이다. 이 땅에 태어남을 행복이 라 여기며 늘어지게 콧노래 한 가락 뽑으면서 말이다.

# 태조로에서
# 추억을 줍다

초록빛 산하를 등에 업고 전국은 지금 축제열풍이다.

그러나 마음이 한껏 부풀고 설렘으로 다가와야 할 '축제'라는 단어가 언제부터인지 푸른 오월이라는 단어처럼 상큼하거나 싱그럽지 않다. 오히려 각 지역마다 '무슨무슨축제'라는 이름 아래 이루어지는 수많은 행사들을 보면서 적잖이 실망할 때가 많다.

일 년 동안 열리고 있는 전국의 축제 건수는 천여 건에 가깝다고 한다. 우리 지역에서도 크고 작은 축제가 무려 오십여 건이나 된다고 하니, 이를 바라보는 지역민들의 시선이 늘 곱지만은 않을 것이다.

지방자치 시대가 열리면서 지역경제를 살려보고자 안간힘을 쓰고는 있지만 각 지자체마다 재정 자립도는 요원하고, 대부분 빚더미에 싸여 있는 실정이라고 한다. 이러한 현실 속에서 가시적인 행사며 겉치레에 불과한 채 형식에만 치우치는 행사들도 없지 않은 것 같다.

이런저런 이유로 나 역시 지역의 크고 작은 행사에 방관자가 되거나 한두 차례 주마간산 격으로 다녀왔던 것이 고작이다. 하지만 올해로 열세 번째를 맞이한다는 한지문화축제에 관심을 가지고 꼼꼼하게 살펴볼 요량으로 태조로를 찾았다. 한옥마을과 경기전을 중심으로 태조로에는 이미 축제를 즐기려는 사람들로 제법 북새통을 이루고 있었다. 나도 그들과 한타령이 되어 사뭇 들뜬 기분으로 여기저기 기웃거리며 이리저리 둘러보았다.

그곳에는 오감을 만족시킬 수 있는 다양한 행사들이 준비되어 있다. 한지로 다양한 체험을 할 수 있는 놀이의 장이 있고, 한지생산기업과 한지문화상품 제작업체들이 마련한 한지문화상품들이 총출동하여 생산자와 소비자간 직거래를 할 수 있도록 시장을 운영하고 있다. 또 각종 이벤트 행사들이 마련되어 있으며 공예대전 및 학술행사, 전시, 공연 등이 사람들의 관심을 끌고 있다. 몽골텐트 안에서는 부모와 함께 열심히 체험학습을 하는 아이들이 한지를 재료로 한지등燈과 손거울을 만들고, 손수건에 문양 찍기, 한지 비행기, 매듭걸이 액자, 한지 황실의상 체험 등 다양한 놀이를 즐기고 있다.

또 소문난 잔치에서 빠질 수 없는 입맛 돋우는 먹을거리와 흥겨운 엿가락 장단에 각양각색으로 즐거워하는 사람들의 모습을 바라보는 일은 덤으로 얻을 수 있는 쏠쏠함이었다.

저물녘에 개막식장으로 향했다. 공예품 전시관 앞마당에서 식전공연과 개막축하공연 그리고 한지패션쇼가 열릴 예정이다. '한韓 스타일style'을 살린 한복을 중심으로 생활복, 아트의상 등 다양한 한지 의상을 통해 대중성과 산업화에 기여하기 위해 한지패션쇼를 연출했다고 하는데, 테마는 〈Nature & Art〉라고 한다.

오후 내내 심통 부리던 하늘빛이 심상찮더니 개막식을 목전에 두고 비를 뿌렸다. 다행히 많은 비가 내리지는 않았지만, 어쨌거나 비 맞은 의상들이 한지라고 해서 쉽게 해지거나 처지지는 않았다. 한지라고 하기에는 믿기지 않을 만큼 은은하면서도 우아한 의상을 입은 모델들의 고운 자태가 늦은 봄밤을 수놓았다.

한지의 의상 활용은 대단하다. 한지넥타이의 경우만 해도 70회 정도의 세탁이 가능하다니 실용적인 면에 감탄했다. 한지양말이나 한지수의, 가방, 공예품, 다과상 등의 생활용품과 벽지 등 한지의 다양한 쓰임새는 앞으로도 무궁무진하다고 한다.

간간이 내리는 빗속에서도 개막식 행사는 잘 끝났다. 형형색색의 불빛 아래 사람들은 실개천을 끼고 앉아 축제의 풍성함을 만끽하며 여유를 즐겼다. 지역의 한 사람으로서 보기에 흐뭇한 광경이었다.

다음날엔 어릴 적 추억에 젖어 태조로에 다시 섰다. '가족

창호문 바르기 대회'를 보고 싶어서다. 가족이 함께 참여하는 '창호문 바르기'는 먼저 백색의 한지를 풀칠하여 바른 위에 색색의 한지로 멋있게 꾸미는 작업이다. 창호문에는 꽃들이 피고 새들이 지저귀는 아름다운 시골 풍경이 연출되었다. 출품작들마다 가족 간의 두터운 정과 사랑이 배어 있어서 보는 이의 가슴도 따스하게 했다.

문을 바르는 일은 내게도 그리 낯설지 않다. 어렸을 적 봄가을이면 연례행사처럼 그 일을 했다. 양지바른 마당 한쪽에 문짝을 떼어 놓은 후, 일 년 내내 햇빛에 바래고 손때 묻어 누래진 문종이에 물을 품어 불린다. 물 먹어 흐물흐물해진 종이를 말끔하게 벗겨내는 일이 좀 고역이지만, 겨울나목처럼 앙상해진 문살에 다시 창호지를 입혀 바람과 햇살이 알맞게 어우러지는 흙벽에 세워둔다. 점점 탱탱하게 펴지던 희디흰 종이 빛과 질감이 좋아 그 언저리를 맴돌며 뛰어 놀았다. 어머니는 단풍잎이나 꽃잎을 문고리 주변에 장식하는 일을 잊지 않았다. 그 작은 꽃장식이 겨우내 그것을 바라보는 나를 기쁘게 하고, 다시 다가올 봄을 연상케 했다. 이제는 그저 아련한 추억으로 간직해야 할 그립고 그리운 풍경이다.

한지는 오랜 세월 우리와 함께했다. 일상생활에는 물론 예술인들의 사랑을 듬뿍 받으며 사람들과 가장 가깝고 친밀한 곳에서 숨쉬며 살아왔다고 해도 지나침이 없을 것이다.

더구나 내 고장 전주는 예향으로서, 멋과 맛과 예술의 고장이라는 자긍심을 가진 도시. 이에 걸맞게 시에서는 〈한스타일Style〉이라는 슬로건을 내걸고 한지, 한옥, 한 소리, 한식, 한방, 한춤 등 우리의 전통적인 문화예술을 잘 보존하고 계승함은 물론 전 세계에 알리고자 애쓰고 있다. 굳이 이런 저런 관련성을 따지지 않더라도 한지문화축제는 더욱 더 발전적인 방향으로 나아가야 하리라.

축제란 무릇 많은 사람들이 파도처럼 일렁거리며 함께 참여하고 함께 즐길 수 있어야 한다. 좀 더 다양하게 보고 만지며 즐길 수 있는 신선한 프로그램이나 이벤트 행사가 있으면 좋겠다. 한지의 장점을 충분히 드러내어 홍보하고 전파하는 일에 지역민의 관심이 더욱 필요하지 싶다.

며칠 새 한지 사랑에 시간 가는 줄 몰랐다. 태조로에서 추억에 젖고 사람들에 취해서 즐거웠다.

# 3부

# 봄다운
# 봄은 오려는지

# 내 인생의 지도

지천명의 나이에 학교에 다니고 있다. 이렇게 되기까지에는 많은 생각 속에 갈등했다.

아들딸 같은 학생들과 머리를 맞대고 공부하다 보니 과거의 학창 시절과 많은 것을 비교하게 된다. 모든 것이 천양지차다.

내가 어렸을 적에는 경제적인 어려움 때문에 공부를 하고 싶어도 일터를 찾아나서야 하는 경우가 허다했다. 낮에는 산업체에서 힘들게 일을 하고 밤에는 야간학교에 다니며 공부에 전념하는 경우가 흔했다. 가난이라는 고단하고 서러운 환경을 견뎌 온 사람들이 중장년이 되어 이제는 어엿하게 사회의 중추적인 역할을 하고 있다.

현재에도 어려운 형편으로 인해 진학의 꿈을 접어야 하는 경우가 있겠으나, 고등학교 재학생 중 90% 정도가 대학에 진학한다고 한다. 오히려 교육열에 불타오르는 부모와 자녀 간 갈등의 골이 깊고, 사교육비가 가정파탄의 원인이 되고 있는 실정이다.

나 역시 두 아이에게 적잖은 스트레스와 부담감을 안게 하던 입시지옥의 시간들이 있었다. 시간이 흘러 뒤돌아보니 별것도 아닌 것을, 왜 그렇게 애면글면해야 했는지. 한편 생각해보면 사람은 태어날 때부터 자기만의 그릇이 이미 정해져 있지 싶다. 이렇게 긴 세월 살아보고도 삶이란 무엇인가? 그 답을 찾기 힘든데 감히 앞날을 점칠 수 있겠는가.

나는 오늘도 어둑시근한 시간에 일어나 흐린 눈을 부비며 책상에 앉는다. 몸이 무겁고 눈이 좀 침침해도 마음만은 가벼워 무엇과도 바꿀 수 없는 이 시간이 좋다. 나에겐 아직 꿈이 있고 할 일이 있으며, 나를 기다리는 사람들과 나누는 정다운 마음이 있으니 참으로 족하지 않겠는가.

"모든 일에는 때가 있다." 와 "늦었다고 생각하는 순간이 가장 빠른 때이다."라는 성현의 가르침 사이에서 갈등을 했었지만 나는 요즘, 원근의 거리를 마다않고 딱딱한 아스팔트길을 달려가 어린 청춘들과 공부를 한다. 그 덕분에 일을 얻어 박꽃 같은 웃음을 가진 사람들과 보람찬 시간을 보내고 있다. 비교적 젊은 그들과 함께하는 순간순간이 참으로 소중하고 또 무거운 사명감마저 갖는다.

이 젊은 사람들과의 만남은 그저 작은 우연이나 어쩌다 마주친 인연이 아니라 오래전부터 예비된 것은 아니었을까 하는 인연법을 생각하곤 한다. 그러면서, 내 인생의 지도가 험난한 산길을 지나고 빽빽한 숲 속을 헤치고 나온 느낌이 들곤 한다. 이제는 숲의 성긴 틈새로 한 줄기 빛이 쏟아져 들어오는 듯이, 나는 밝은 생각에 가득차 있다.

인생은 하루아침에 이루어지지 않는다고 한다. 이제라도 만학도의 길을 걸으면서 부딪쳤던 많은 일들과 그로 인해 얻게 된 새로운 일들로 인해 내 인생의 지도에는 지금 직선과 곡선의 길이 환히 그려졌다. 그 길 위에서 만나는 사람과 함께 행복하다면 참 좋겠다.

# 많이 참을 걸, 많이 베풀 걸, 많이 즐길 걸

어떤 환경에서라도 최선을 다해 살아야겠다는 생각 때문인지 나는 바쁘게 달리고 달린다. 지난 1년 내내 바삐 살았다.

모처럼 몸도 마음도 한가로우니 괜히 좋다. 산과 들, 어디를 둘러보아도 아름답게만 보인다. 바람 한 줄기에 억새들이 너울거리고 소슬바람에 우수수 낙엽이 지고 있다.

곱게 물든 단풍잎 사이로 등산객의 발걸음이 분주하지만 나는 그저 산, 들, 바람, 나무, 이런 것들과 친구하고 싶을 뿐이어서 따사로운 양지에 몸을 부려 놓고 그냥 멍하니 앉아 있다.

아무런 생각 없이 몸과 맘을 내려놓고 하늘을 올려다보니 세상 모두가 내 것인 양 부러울 게 없다. 가을날의 오후에 적당히 외롭고 견딜 수 있을 만큼 고독한 것마저도 감사하다. 맑디맑은 햇빛이 비치면 나뭇잎은 모세혈관 같은 엽맥까지 내비친다. 고 작은 잎새 하나에 지난날의 아픔과 영광의 흔적이 날실과 씨실로 거미줄처럼 얽혀 있다. 작은 잎새 하나하나에 우주의 섭리가 가득 담겨 있다.

바람 한 줄기가 훅 하고 단풍나무 가지를 흔들고 지나간다. 고요 속에 작은 나뭇잎 하나가 살며시 땅에 안긴다.

그 작은 잎새가 낙하의 몸짓을 하며 넓은 대지의 품에 안길 때 나는, 참으로 작은 포용의 소리를 들었다. 생명의 무한한 윤회의 소리를 들었으며 그것이 바로 계절의 어김없는 리듬인 줄을 비로소 알게 되었다.

며칠 전, 점심식사를 하는 자리에 우연히 동석하게 된 이순의 한 여인이 한 말이 바람소리처럼 스친다. "명예와 권력과 부귀영화가 살아보니 별게 아니더라. 많이 참고, 많이 베풀고, 많이 즐기지 못한 세 가지의 후회와 아쉬움만이 나의 베갯머리를 맴도네!"라고 했다. 그녀의 말은 숨 가쁘게 내리막길을 질주해 가고 있는 내게도 무관하지 않은 듯해서 머리를 끄덕여 주었는데…….

억새가 서걱거리는 가을 들녘에서 다시 생각나는 그녀의 말. 유수 같은 시간과 인생의 소중함을, 아니 내 존재의 귀함을 새김질하게 한다.

"많이 참을 걸, 많이 베풀 걸, 많이 즐길 걸." 후회하는 그녀의 말속에서 노년을 살아갈 의미를 주워본다.

하기야 '화무십일홍花無十日紅이요, 권불십년權不十年'이라 하지 않는가. 잘나고 못나고, 있고 없고를 떠나 절대로 피해갈 수 없는 인생의 종착지에서 무슨 생각을 하며 마침표를 찍을지 결코 알 수 없는 일이다.

# 못과 망치의 변주곡

운동 삼아 삼천천 근처를 걸었다. '꿈꾸는 목공방'이라는 가게 안을 기웃거렸다. 원목으로 만든 침대며 책상, 장식품의 선반 등으로 사용할 수 있는 소가구들이 진열되어 있다. 문을 밀고 들어갔다.

집주소가 바뀐 지 두 해째인데 거실 벽 한 면이 허전하게 비어 있다. 그 자리에 무언가를 장식하고 싶었는데, 때가 왔나 보다.

가게에 인기척이 나자 삼십대로 보이는 남자가 작업실에서 나온다. 동글납작한 얼굴에 잔뜩 먼지가 묻어있는 감색 점퍼를 입고 있다. 나무먼지가 뽀얗게 덮인 머리카락이 희끗희끗해서 흰머리처럼 보였다. 그는 아마 톱으로 나무를 자르거나 대패로 깎아내는 일을 하다 나온 모양이었다.

마음에 드는 물건을 주문했다. 한참을 걷도록 이상하게 톱밥먼지에 전 목공방 아저씨의 수더분한 얼굴과 유순한 눈매가 따라온다. 그예 아버지가 떠오르고 만다.

아버지에게 나무며 톱, 망치, 못 등은 평생 친구이자 밥줄이었다. 내가 중학생 때였던가. 한솥밥을 먹던 직공이 그 밥줄을 통째로 집어 들고 줄행랑을 쳤다. 그때 우리 집 형편이 곤궁해서 아버지의 상심은 말할 수 없이 컸다. 새 연장을 마련할 때마다 아버지 얼굴에 주름이 하나씩 더 늘었다.

이삼십 평 남짓한 작업 공간은 잘라 맞추고 두드리는 일로 조용할 틈이 없었다. 나무먼지와 나무 냄새로 인해 아버지의 모습은 안개 속에 서 있는 느티나무 같았다. 반세기

동안 아버지는 가족을 위해 허리 펼 날이 없었다. 못과 망치, 날카로운 톱과 대팻날은 아버지의 손에 늘 피멍과 함께 깊고 얕은 상처를 남겼다. 톱날의 우렁찬 소리가 공장 안에 그들먹해질 무렵이면 거북 등껍데기 같은 아버지의 손에서는 씩씩하고 경쾌한 못과 망치의 변주곡이 흘러 나왔다. 못과 망치의 절묘한 어울림은 어깨며 팔뚝 근육을 불끈불끈 솟구치게 했다. 굵고 가는 나무들은 자르고 맞추기, 문지르며 두드리고 깎아내기 등의 과정을 거쳐 아름다운 자개농이나 찬장, 고풍스러운 무늬가 있는 문으로 완성되었다. 그것들로 인해 우리는 허기를 면했으며 가족들의 배가 부를수록 아버지의 허리는 휘고 또 휘었다.

일상에서 아주 가끔 못을 사용해야 할 상황과 맞닥뜨리게 된다. 그럴 때마다 나는 아버지를 연상하면서 자신 있게 망치를 휘둘러대지만 생각만큼 쉽지 않았다. 못이 휘어지거나 비스듬히 박히고 더러는 톡 튀어 어디론가 사라져버렸다. 잘못하여 못이 뽑힌 자리에는 반드시 흔적이 남아 눈엣가시가 되었다. 누군들 상처 없는 생이 있을까! 그래서인지 아버지도 어쩌다 신세 한탄을 하셨다. 그러나 오랜 세월

아버지는 기꺼이 못이 되었고, 그 못은 가족에게 삶의 원동력이었다. 그것이 삐거덕거리는 의자에, 흔들리는 기둥에 중심이 되었다면 아버지는 나에게도 영원한 못이었다. 내 몸이 헐렁해지거나 느슨해져 비틀거릴 때마다 텅텅 못질에 녹슬지 않도록 윤활유까지 칠해 주셨으니 말이다.

젊은 날 소음에 시달린 탓으로 귀가 어둡고 다리가 불편해 조금만 걸어도 비척거리는 아버지를 보면서 이제는 옛이야기가 되어버린 젊은 날의 아버지를 그려본다. 다시 들을 수 없는 못과 망치의 힘찬 변주곡이 무한정 그리운 날, 저 산 너머 언덕 아래에 살고 계시는 아버지를 소리쳐 불러본다. 아버지의 화답일까? 햇빛 한 줄기가 시린 어깨에 내려앉는다. 퍽 따숩다.

# 봄다운 봄은 오려는지

이른 새벽부터 추적추적 내리는 비가 으슬으슬 한기를 느끼게 한다. 마른 나뭇가지가 봄비에 흥건하게 젖은 채로 이리저리 흔들리는 모양을 바라보자니 '춘래불사춘春來不似春'이란 말이 절로 떠올랐다. 골짜기마다 봄꽃 피고 지는 삼월이라지만 먼 산이나 가까운 들에도 봄은 아직 멀리 있는 듯하다.

고향 문우들을 만나러 가는 날이다. 일기예보에 의하면 저녁나절 산간지방에 비 대신 눈이 내린다고는 하나 가기로 마음먹은 길, 눈길이 대수랴 싶어 걸음을 옮겼다. 한 시간쯤 달려 싸리재를 넘어서니 낯익은 풍경에 요지가지 추억들이 바람처럼 스쳐간다. 이런저런 소회와 함께 가족 같은 사람들을 만나 왁자한 웃음과 정겨운 담소를 나누는 시간은 재빨리 흘러갔다.

짧은 만남의 아쉬움을 털고 발길을 돌려야 하는 마음을 아는 양, 무주를 출발한 지 10분도 채 되지 않아 하얀 눈이 나풀나풀 내려앉는다. 허공 속에서 뱅글뱅글 맴돌다 하나 둘씩 낙하하여 마른 나뭇가지나 산과 들에 아무렇게나 내려앉는 눈은 마치 하이얀 매화가 막 피어나는 듯하다.

밤은 이내 깊어가고 어느새 하얀 소금밭이 되어버린 산 사이의 찻길은 잔뜩 호기를 부리던 몇 시간 전의 나를 두려움에 떨게 했다. 너댓 개의 고개를 넘고 두서너 다리를 지나면서 당당했던 내 등뼈는 활처럼 휘어지고 가속의 힘을 쓰던 오른발은 이미 다소곳해졌다. 운전대를 잡은 손에 잔뜩 힘이 들어가니 어깨마저 뻐근해진다.

거북이 속도로 모래재를 넘어 화심에 다다르니 눈은 고사하고 비의 흔적도 없다. 무사히 귀가할 수 있겠다는 안도감에 비로소 라디오의 볼륨을 높이고 음악에 귀기울였다. "봄비 따라 떠난 사람/ 봄비 맞으며 돌아오네/ 오늘 이 시간 오늘 이 시간/ 너무나 아쉬워/ 서로가 울면서 창밖을 보네~~." 때맞춰 흘러나오는 카랑한 목소리며 노랫말에 흥얼흥얼거렸다.

고향 나들이는 참 좋았다. 식사 후에 들렀던 노래방에서 목청껏 부른 노래랑 세 여인을 박장대소하게 만든 H시인의 몸개그, 박 여사와 이 시인의 분위기 있는 노래는 즐거웠다. 그럼에도 불구하고 돌아오는 내내 마음 한쪽이 돌멩이 하나 얹어놓은 것처럼 무겁다. 지인들과 어울린 곳의 지척에 계신 부모님을 두고 슬쩍 지나쳐 왔기 때문이다.

사흘 후에 아버지가 전주의 병원에 진료 받으러 오실 것이다. 잇몸 질환으로 꽤 여러 달째 치료 중이다. 치료만으로 완쾌된다면 좋으련만 종내는 수술까지 받아야 한다니 걱정이다.

일주일 전에 아버지는 전주에 오셨다. 서둘러 집안일을 마치고 아버지를 마중나갔다. 모래내에서 만난 아버지는 그날따라 다리가 몹시 불편해 보였다. 아버지의 오랜 병고는 치아가 아니라 다리지만, 고령으로 체념 상태에 이른 터라 마음만 짠할 뿐이다. 병원에서 치료의례를 마친 후, 다음 진료일을 예약하고 병원 밖으로 나왔다. 무주까지의 귀로에 종종 직행버스에 오르는 아버지를 그날만은 아무래도 댁까지 모셔야 할 것 같았다. 평소 사분사분하지 못한 나는 운전대만 뱅글뱅글 돌릴 뿐 차안에서의 시간을 싱겁게 흘려보냈다. 힐끔힐끔 차안의 거울로 아버지의 안색을 살피는 게 전부였다. 아버지도 한동안의 침묵이 좀 그렇다 싶으셨는지 손주들의 소식으로 말문을 트신다. 좀 더 살갑게 수다를 떨고 싶은데도 마음과는 달리 입 밖으로 말이 나오지 않았다. 진안을 지나 죽도로 접어들자 비 아닌 눈이 벌써 산등성이에 하얬다. 아버지도 나처럼 '춘래불사춘'을 뇌고 계신 걸까? 때 아닌 눈을 탓하면서 연신 안전운전을 당부하셨다. 창밖 풍경은 내내 어설프고 을씨년스러웠다.

아버지를 친정집 울 앞에 내려드리고, 바쁜 일을 핑계로 아버지를 등 뒤에 두고 미끄러지듯 골목길을 빠져 나왔다. 눈발은 점점 거세어지는데도 아버지는 돌아설 줄 모르고 장승처럼 서 계셨었다.

그런데 하필, 그날처럼 오늘도 날씨가 얄궂으니 아버지의 그 모습이 떠올라 마음이 무겁게 처진다.

그러고 보니 아버지의 봄날은 언제였을까 짐작조차도 할 수 없다. 진정 아버지의 봄이 있기나 했을까? 내 기억 속의 아버지는 언제나 고단한 일상에 갇혀 있었다. 봄이 와도 봄이 아닌 것처럼 늘 어깨 시린 날들뿐이었다. 그래도 가족을 위해서라면 기꺼이 당신의 모든 것을 버리고 활화산처럼 뜨겁게 타오르던 아버지였다. 그런 아버지가 이제는 혼자의 외출을 꺼리신다.

이삼일 후면 아버지는 어머니를 앞세우고 병원을 찾으실 게다. 그때엔 부디 환한 낮꽃으로 재회의 시간을 가져보리라 마음을 다진다. 아버지의 잃어버린 봄날을 단 일분, 일 초라도 찾아 드릴 수 있다면 얼마나 좋을까! 혹한을 견디고도 새움을 틔우는 저 나무들처럼 새 울고 꽃 피는 따스한 봄을 맞이할 수만 있다면 더없이 좋을 텐데.

터무니없는 염원임을 왜 모르랴. 그래도 한결 나아진 기분으로 시내에 진입했다. 가로등이며 가게 불빛들이 봄꽃인 양 환하다. 남녘의 희고 노란 꽃길을 가듯 나도 한 송이 꽃이 되어 너울너울 꽃무더기로 피어나는 밤, 정녕코 봄다운 봄은 언제 오려는지……. 무심한 봄날의 하루가 이렇게 가고 있다.

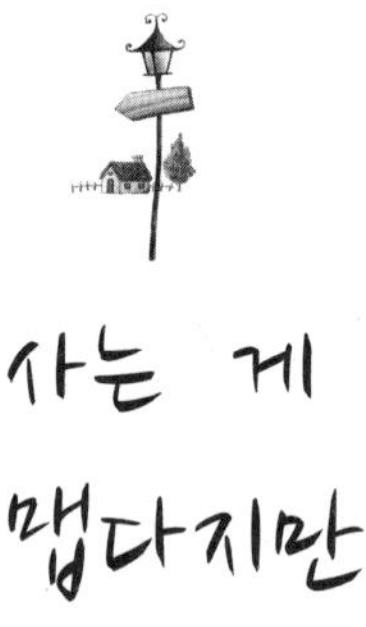

# 사는 게 맵다지만

이른 아침, 반찬거리가 마땅찮아 끙끙거렸다. 궁리 끝에 장떡이나 부쳐볼까 하고 청양고추를 잘게 썰었다. 장떡은 고향에서 자주 먹던 음식이다. 고추와 부추 등을 잘게 썰어서 밀가루, 된장이나 고추장에 물을 넣고 잘 섞어서 식용유를 두르고 지져냈다. 입맛이 없는 여름날에 동글동글한 장떡 몇 장만 있으면 밥 한 그릇을 뚝딱 비워내곤 했다. 옛 추억을 떠올리자니 마음도 손도 바빠진다.

갑자기 왼쪽 눈이 몹시 가려웠다. 고추를 잡고 있던 왼손이 그만 눈가의 가려운 곳을 쓰윽 문지르고 말았다. 매운 손이 닿자마자 눈 가장자리에 화기火氣가 번져 후끈후끈 화닥화닥 발을 동동 굴렀다. 얼른 흐르는 물에 눈을 씻고서 눈물을 흘리며 화기가 가라앉기를 기다리는 일뿐이다. 시야가 흐려지니 아무것도 할 수 없어 방바닥에 주저앉아 멍하니 있었다.

문득 지난해 가을 어느 날의 용담호가 생각났다. 밤이 되자 용담호 주변에는 짙은 안개가 덮이고 자동차와 사람의 길은 물론 논밭과 호수의 경계마저 사라졌다. 더듬더듬 전주의 집을 향해 달려가던 그날이 어쩌자고 지금 되짚어지는 건지 모르겠다. 그러고 보니 가끔 뭔지 모르게 막막하거나 답답할 적에 습관처럼 떠올랐던 풍경 같다.

가까이에 혈기왕성한 한 청년이 살고 있다. 혼자의 힘으로 앞날을 개척하며 잘살아보겠다는 포부를 안고 일을 시작했다. 어떻게든 잘해 보려고 무진 애를 쓰고 있다. 험난한 세상에 온몸을 내던져보지만 세상이 결코 녹록지 않다는 것을 느끼는 눈치다. 세상의 매운맛을 제대로 보는 것 같다. 그가 안쓰럽다는 생각에 젖어 한참 동안 부엌 바닥에 앉아 찔찔거렸다.

라디오에서 흘러나오는 소식이 신통치 않다. 정치판은 흙탕물이 된 지 오래고, 침체된 경기는 쉽게 회생할 기미가 보이지 않는다고 한다. 덧붙여 요즘 세상 돌아가는 꼴이나 무수한 사건 사고들은 국민들을 자주 경악케 한다. 사람처럼 독한 것이 없고 사람만큼 추하고 더러운 것이 없다고는 하나, 하루하루 무탈하게 사는 일조차 어렵고 힘든 세상이 되어버렸다. 제 몸 하나 온전하게 건사하는 일마저도 자기 의지대로 되지 않는 기막힌 현실이 안타까울 따름이다. 특히 딸을 가진 부모들은 불안과 공포에 마음 편할 날이 없다. 언제, 누구에게, 어떤 일이 들이닥칠지 모르기 때문이다. 하루하루가 혼란스럽고 무섭다. "사는 건, 참 맵다."

어느 소설가의 독백이다. 나라면 무서운 세상보다는 차라리 매운 세상을 택하고 싶다. 오늘 아침 얼결에 맛본 청양고추의 맛이어도 좋고, 잘못된 결과로 맞아야 하는 회초

리의 매운맛이어도 괜찮다. 무엇이든 열심히 노력하고 피땀 흘려서 얻게 된 값진 승리 뒤에 숨어있는 소태처럼 쓴맛이야말로 꿀맛과 비길 수 있을까!

빈부의 차만 있으랴. 여러 부분에서 계층 간의 격차는 날로 더 심해지고 있다. 그래서인지 사람들의 마음이 팍팍하고 건조하다. 진실이 진실로 통하지 않는 세상이 된 지 오래다. 그럼에도 불구하고 우리는 사람들에게서 기쁨을 얻고 또 희망을 찾으려 한다. 혼기婚期에 이른 자식의 얼굴을 물끄러미 바라본다. 안개가 걷히듯 마음이 맑아진다. 아무려면 자식만큼 이쁜 것이 세상천지 어디에 있을까?

얼른 장떡을 부쳐 행복한 아침상을 차려야겠다. 오늘 하루도 환하기를 기도했다.

# 내리사랑 치사랑

연일 눈과 비가 오락가락한다. 아랫목에 엉덩이를 붙이고 텔레비전을 보다가 먹음직스런 찐빵에 군침이 돌았다. 충청도 김 아무개 씨가 장인정신으로 만들었다는 흰색, 분홍, 쑥색의 삼색 찐빵이다.

찐빵을 보니 친정어머니가 생각난다. 평소에도 찐빵가게

를 그냥 지나치지 못한다. 먹거리가 풍족하지 못했던 1960년대에, 어머니는 큰 무쇠솥에 나무를 가로지른 다음 삼베 보자기를 깔고 그 위에 동그란 빵을 얹어 쪄냈다. 밀가루에 막걸리나 이스트와 섞어 한나절 이상 부풀린 후 팥을 넣어 찐 빵을 먹는 날에는 세상이 온통 부드럽고 달보드레한 솜사탕 같았다.

나는 이따금 동네 가게에서 찐빵을 사 먹었다. 작달막하고 얼굴이 동글납작한 아주머니는 삐거덕거리는 방문을 열고 나와 손님을 맞았다. 투박한 손으로 모락모락 김이 나는 찐빵을 신문지에 둘둘 말아주곤 하였는데, 그럴 적마다 빵 위에 찰싹 달라붙은 종이를 떼어내느라 애를 먹었다. 지금처럼 비닐봉지나 포장용기가 흔치 않았기 때문이다. 그때의 일을 떠올리면 빙그레 웃음이 난다.

잠시 생각이 머무는 동안에도 충청도 아저씨의 찐빵 자랑은 이어지고 입안에서는 군침이 돌았다. 이런 내 마음을 눈치 챘을까? 함께 시청을 하던 큰애가 동네 변두리에 맛있는 빵집이 있다면서 외출을 하겠단다. 날이 저물고 어설퍼 괜찮다고 말려도 한사코 나갔다. 한참 후에 아들은 일회용 포장용기 속의 찐빵을 내밀며 어서 먹으라 한다. 두 볼이 발그레한 걸 보니 행여 그것의 온기가 식을까 봐 달음박질쳤음이 틀림없다. 미안하고 고마운 마음에 타박 반, 칭찬 반으로 너스레를 떨고는 앉은 자리에서 서너 개를 거뜬히 먹었다.

먹거리가 부족하던 시절 어머니는 자식들을 위해서 많은 고생을 하셨다. 적은 것으로 식솔들의 배를 채우려면 늘여 먹는 지혜가 필요했을 터. 맛이 있고 없고를 따질 것 없이 먹거리는 모두 맛있기만 했다. 내 어린 시절과 지금의 먹거리 환경에 격세지감을 느끼지만 천만다행으로 위아래 세대를 아우르는 애틋한 정과 사랑만은 변함없으니 참으로 복된 일이다.

해마다 겨울철이 되면 어머니의 사랑으로 버무려진 김치국수, 김치죽, 수제비와 칼국수, 도토리묵무침 등이 따끈한 빵과 더불어 그리워진다.

찐빵 덕분에 새삼스레 어머니 사랑에 감사하며 아들 마음씀에 가슴 울렁인다. 자식들이 먹는 입만 바라봐도 배부르다던 어머니의 가없는 내리사랑과 든든한 치사랑에 오늘 밤 나는 무척 행복하다.

# 따스한 4월이기를

만화방창萬化方暢하다는 남쪽의 꽃소식만 들어도 봄빛처럼 환하던 마음이 어인 일인지 아직 한겨울 같다. '춘래불사춘'이란 말이 깊이 닿는다.

언제부턴가 우리는 마음의 여유를 잃은 채 오직 생활하는 일에만 급급해 허둥대고 있다. 사는 게 힘겨울 때 진심

어린 위안의 말 한마디 듣는 일조차 쉽지 않다. 그런 판에 매체를 통해 전해들은 인면수심人面獸心의 사건들에 사람들은 무서운 세상이라며 얼굴 빛을 흐린다. 사람의 탈을 쓰고 저지른 흉악한 일을 보고 들으며 내 마음 역시 뒤숭숭하다.

지난밤에는 뜬금없는 꿈에 시달렸다. 생면부지의 아이들이 내 팔이며 다리에 엿가락처럼 매달려 울고 웃었다. 그들을 어르고 달래느라 진땀을 흘리다 잠에서 깼다. 품안의 아이는 근심이라는, 근거 없는 해몽에 맥없이 심란하고 찜찜했다. 아마 연일 보도되는 아동학대사건으로 얼룩진 마음 탓이려니 여기며 잡생각을 털고 일어났다. 몸과 마음이 천근만근 처진다.

사람과 사람의 만남에는 서로를 상생하게 하는 만남과 멸망에 이르게 하는 안타까운 만남이 있다. 그중에는 자기 의지대로 선택할 수 없는, 필연에 따라 주어지는 운명적인 만남이 있다. 그 필연의 첫 번째가 바로 부모자식 관계가 아닐까. 그것은 인간의 힘으로 어찌해볼 수 없는 절대자의 영역 안에서 이루어지는 성스러운 만남임에 틀림없다.

하지만 그토록 소중한 만남에 찬물을 끼얹는 일들이 때

때로 분노케 하고 잠 못 이루게 한다. 용돈을 주지 않는다, 게임을 오래한다는 말이 듣기 싫다는 등의 이유로 부모를 사망에 이르게 하는 패륜아가 있다. 대소변을 못 가린다, 자기네 인생에 걸림돌이다, 자주 울어 스트레스를 받게 한다는 등등의 이유로 아이를 학대하고 죽음으로 몰고 가는 비정한 부모가 있다. 그들의 철면피하고 끔찍한 행위에 그저 할말을 잃는다. 짐승보다 못한 행위를 보고 들으며 받는 엄청난 스트레스는 누구에게 보상받아야 할지 답답한 노릇이다.

무릇 어머니는 이러한 존재다. 중죄를 저지른 자식을 눈물 가득하고 쓰라린 가슴으로도 품어 주고, 세상 사람에게 손가락질당하는 자식을 향한 사랑이 변치 않는 사람이며, 불구덩이 속의 자식을 구해낼 수 있는 용기를 가진 마지막 존재다. 사람으로서 도저히 할 수 없는 일, 그 일을 해내고야 마는 거룩한 자리에는 언제나 어머니가 있다. 한데 요즘엔 "여자는 약하나 어머니는 강하다."라는 금언이 점점 무색해지고 있다. 가정 내 갈등을 원만히 해결하기보다는 극단적인 처방을 택하는 경우가 흔해졌다. 가족해체 현상으로 아이들은 천덕꾸러기가 되어 짐짝처럼 이리저리 옮겨 다녀야 한다. 가정이 깨져도 아이만은 지켜내려던 모성애도 퇴색된 지 오래다. 친부모는 물론 계모나 계부라 할지라도 순하고 여린 목숨, 그 초롱초롱한 눈망울을 어찌 외면하며, 부모의 손으로 자식의 생을 마감하게 하다니 참으로 유구무언이다. 물론 몇몇의 악행에 불과한 일이라 할지라도 아동학대 가해자의 80% 이상이 부모라니 '세상의 모든 어머니는 선하다.'는 믿음에 금이 가고 말았다. 이 서글픈 현실을 어찌하랴.

소설가 박범신은 "사람처럼 추한 것이 없고, 사람처럼 독한 것이 없고, 사람처럼 불쌍한 것이 없고 그리고 사람처럼 이쁜 것이 없다."라고 했다. 어지러운 세상 속에서도 어머니만은 영원히 선한 존재이기를 간구한다. "모든 아이는 모두의 아이"라는 어느 사회복지사의 말을 빌리지 않더라도 우리 주변의 아이들에게 더 많은 관심과 사랑을 베푼다면 좋겠다. 누군가에게 진심어린 위안의 말 한마디 건넬 수 있는 부디, 따스한 4월이기를 간절히 소망한다.

# 소이부답笑而不答을 그리워하다

지친 산들이 시들거리는 칠월의 끝 무렵, 산속의 고요가 그리워 덕유산 자락을 찾았다. 짙푸른 초록의 고요 속에 속세에 찌든 몸을 내려놓으니 더없이 포근하고 아늑하다. 한가로운 마음으로 무념무상의 경지를 소망하지만 언뜻언뜻 내비치는, 사람들과 부대끼면서 생겼던 얼룩이 덧대어지곤 한다. 그것들의 시작과 끝은 대부분 말言로 인한 것들이다.

한글날 특집으로 기획된 〈말의 힘〉이라는 프로그램을 시청한 적이 있다. '말의 힘'에 대한 실험이 퍽 인상적이었다. 두 개의 그릇에 일정량의 쌀밥을 담고 밀봉을 한 후, 각각 "고맙습니다."와 "짜증나."라고 써 붙였다. 그리고는 날마다 "고맙습니다."의 밥에게는 "사랑합니다, 예뻐요, 기분이 좋아요." 등등의 긍정적이고 희망적인 말을 들려주었다. 또 다른 밥에게는 "미워 죽겠어, 싫어요." 등등의 부정적이고 거친 말들을 들려주었다. 시작한 지 사나흘이 지나면서부터 변화가 일었는데 4주 후, 그 결과는 참으로 놀라웠다.

'좋은 말'의 밥은 발효가 잘되어 구수한 누룩 냄새의 곰팡이가 피었으며 색도 흰빛에 가까웠다. 그러나 '나쁜 말'의 밥에서는 발효가 아닌 부패된 상태로 악취가 났으며 곰팡이 색깔도 확연하게 달랐다. 그날 나는 사용하는 말에 따라서 달라지는 말의 힘을 보면서 섬뜩했다. 단순히 감정 배설이 아니라 배려를 담은 말, 다정하고 편한 말이 소통을 원활하게 하고 생명력을 준다는 것을 새삼스레 깨달았다.

21세기 지도자로 주목받는 오바마가 미국의 대통령으로

당선되는 데에는 말의 힘이 컸다고 한다. 그의 말은 상대방의 생각을 읽고, 감성과 영혼이 담긴 감동적인 메시지를 전달하는 즉 감성적 일체감을 불러일으키는 매력을 지니고 있기 때문이란다.

이렇듯 알게 모르게 우리의 행동을 지배할 뿐만 아니라 인생을 뒤바꿀 수도 있는 말의 힘을 생각하며, 그동안 누군가에게 독이 되었을 수많은 말들을 떠올리니 참으로 미안하고 또 미안해진다.

번다한 생활과 더불어 말의 홍수 속에 허우적대는 일이 다반사인 요즘, 사람과의 만남에서뿐만 아니라 텔레비전이나 각종 매체를 통해서 쏟아지는 말장난에 실소를 머금는다. 공인이라고 자처하는 사람이 상식을 벗어난 무책임한 언사를 사용하고, 악성댓글을 남발하는 걸 볼 때에는 막막함마저 느낀다.

세월이 흐르고 세파에 시달렸으니, 나 역시 소녓적 수줍음을 여태 간직하고 살 리 만무하다. 내성적인 성격이 외향적으로 바뀌었으니 굳이 나쁘다 할 것은 없으나 말이 많아졌다는 생각이 든다. 그런데 입단속이 쉽지 않다.

고등학교를 졸업한 지 삼십여 년 만에 선후배간의 모임에 나갔다. 동문들은 내 성격이 많이 변했다며 신기하게 보았다. 학창 시절의 나는 언제나 빙그레 웃는 게 의사소통의 전부였단다.

또 K선생님은 첫 만남에서 내가 미소로써 인사말을 대신했다고 하는데 지금도 그 미소를 잊을 수 없노라고 했다. 그 덕분에 '소이笑而'라는 별칭을 얻기도 하였다. 그러던 내가 언제부턴가 참 많은 말들을 거침없이 쏟아내고 있다. 한술 더 떠서 넉살까지 늘어서인지 딴에는 유머라고 농도 곧잘 하면서 헤헤거린다.

얼마 전이었다. 상대방의 말이 채 끝나기도 전에 내 말이 성급하게 톡톡 튀어 나왔다. 그런 내 모습에 흠칫 놀라 '이게 아닌데.' 하는 자각이 일었다. 번잡한 생활을 피해야겠다는 생각이 들면서 우렁각시의 꿈을 꾸어보기도 했다. 말로 인해 큰 실수를 했다거나 뭐 그런 적이 있어서 내려진 처방은 아니지만, 체질상 남의 흉허물을 들춰내거나 또 누군가를 미워하는 일에 쓸 에너지가 많지 않기 때문이었다.

때로는 말로 인하여 원치 않는 갈등과 터무니없는 구설

수에 휘말릴 때도 있다. 오히려 상대방을 배려하여 말을 참고 있다가 애먼소리를 듣기도 했다. 사랑한다는 감정을 실어 보냈는데 상대방은 그것과는 반대되는 감정으로 받아들일 때도 있다. 자기 생각, 자기 방식, 자기 관점에서 말을 하고 들으면서 생기는 이 같은 '왜곡 전달'이 반복될 때 사람들과의 소통에 지치게 되고 회의를 느낀다.

그런 때일수록 말을 아끼면서 자신을 반추하고, 예전보다 수다스러워진 자신에게 제동을 건다. 내 생각보다는 네 생각을 먼저 살피려고 애를 쓴다. 그래서일까. 까마득 잊고 살았던 '소이부답'이라는 말이 그리워지고 미소만으로도 대화가 되던 소녀시절의 나를 되찾고 싶다.

이런저런 상념과 함께 산동네에 어둠이 몰려왔다. 그악스럽게 울어대던 매미도 어둠의 포로가 되었다. 오종종 모여 놀던 새들과 원추리, 까치수염과 함께 귀를 쫑긋 세우고 바람의 소리를 듣는다.

뭉텅뭉텅 구름이 흘러가고 바람이 지나간다. 바람이 불 때마다 나뭇잎이 출렁거리고 새들은 고운 꿈을 꾸는지 간간히 꾸르륵 댄다. 통통하게 여문 하늘의 별들이 마음밭에 무수히 쏟아져 내리는 날, 나를 내려놓고 너를 찾아 나서는 이 시공간이야말로 별유천지비인간別有天地非人間이라…….

세상의 소음을 보태지 않은 고요한 시간의 경계를 허물려다 그만 어스름해지는 저물녘을 오도마니 앉아 있었다.

# 차치리의 교훈을 생각하며

사람들은 쉽게 말한다. "세상 것에 매달리지 말라. 영원한 것은 없으므로……."

하지만 말처럼 그리 쉬운가! 천만 가지 옳은 생각들을 가지고 살지만 행동에 옮기기란 쉽지 않아서, 해마다 연말이면 마지막 한 장 남은 달력 앞에 서서 미진한 구석을 돌아

본다. 그래서인지 12월이 되면 버릴 것을 더 버리지 못했음을 아쉬워하면서 인생에 대한 허무를 읊조리곤 했다.

참 정신없이 살았다. 낮에는 일터에서, 밤에는 만학도로서 성실하게 공부하려고 무진 애를 쓰며 가정과 사회인으로서의 소임을 다하려고 노력했다. 누구를 위해 이렇게 분주하게 움직여야 하는지 따위를 생각할 겨를 없이 달려온 시간 속에서 가끔은 산소 결핍상태가 되기도 했다. 하지만 열심히 살았다고 해서 다 잘살았다는 것은 아닐 것이다. 가시밭길을 용케도 잘 헤쳐 나왔지만 우愚를 범한 적은 없었는지, 신의를 저버리고 이해에 따라 오가지는 않았는지, 더욱이 사리분별을 못하고 과욕을 부려 누군가를 불편하게 하거나 해를 끼친 적은 없었을까 지난 시간을 되짚어 본다. 마치 흘러버린 시간에 순응하듯 아프면 아픈 대로 고해성사의 시간을 가질 수 있는 이 순간이 내게는 그저 고마울 따름이다.

한 해를 보내면서 새삼스럽게 차치리*의 교훈을 떠올린다. 작은 발에 큰 신을 신어도 걷지 못하며 큰 발에 작은 신을 신어도 걷지 못함에 차치리의 어리석음을 비웃을 일만은 아닌 듯하다. 발에 신발을 맞추면 그만이지만 신발에 발을 맞추려는 억지가 개인이나 사회의 불협화음을 만드는 원인이 되는 것은 아닌지 생각하게 된다. 나 역시 내 발에 맞지 않는 신발을 끌고 다니며 웃음거리가 된 적은 없었는지 돌아본다.

대부분 사람들은 명예와 권력과 부富를 갈망한다. 그런 것들을 손에 쥐기 위해서는 종종 누군가를 짓밟고 넘어서야 한다. 특히 권력은 부자父子간에도 나눠 갖지 않는다고 하니 무슨 말이 더 필요하겠는가. 한 해를 보내는 마지막 달이 좀 어수선한 것도 따지고 보면 바로 이런 이유에서 온 것 같다. 누구나 자기에게 꼭 들어맞는 신발이 있듯이 적재적소에 합당한 사람을 선택하거나 결정하는 일은 지극히 당연하며 중요한 일이다. 제각각의 신발을 잘 찾아 신었으면 하는 바람이다.

지난 일 년 동안의 삶 말미에 나는 어떤 문장부호를 찍을 수 있을까? 평이한 마침표가 아니라 어정쩡한 말없음표와 알쏭달쏭한 물음표나 애매모호한 느낌표를 찍고 싶다. 그리하여 마음속에 뭔가 녹아 스며드는 것이 있다면 그것에 몸을 맡기고 싶다. 자연스레 내 삶의 방향을 인도해줄 것이다. 모든 것은 순리에 따라야 한다는 평소의 지론과 다름없다.

끝이 좋으면 모든 것이 좋다고 한다. 아직 남아있는 시간을 축복으로 여기며 조용히 새 달력을 준비한다. 새 해에는 신발끈을 질끈 동여매고 내 마음 따라 걸으며 일일시호일日日是好日 하기를 염원한다.

* 차치리: <한비자> '차치리' 편에 나오는 정鄭나라 사람.

4부

# 혼밥 혼놀족

# 혼밥 혼놀족

이따금 혼자만의 여행을 꿈꾼다. 그 바람대로 집을 나섰다. 한가하게 거닐며 맘껏 여유를 누려보리라. 부푼 맘으로 집을 나온 지 대여섯 시간, 출발할 때의 홀가분함과는 달리 옆자리가 허전하다. 끼니를 해결해야 하는데 식당 문턱을 넘지 못하고 이집 저집을 기웃거렸다. 혼자 식당에 들어서

기가 객쩍다. 쭈뼛거리다 분식집으로 들어섰다. 주변을 의식하지 않으려고 텔레비전에 집중했다. 화면 속 앵커가 혼자 먹는 밥을 '혼밥', 혼자 마시는 술을 '혼술', 혼자 부르는 노래를 '혼곡', 또 혼자 영화를 보면 '혼영'이라는 신조어가 등장했다면서 혼자 밥 먹는 사람이 늘고 있다고 한다. 나 홀로 문화를 즐기는 사람을 '혼놀족'이라 부른단다. 아하, 내가 바로 '혼밥' 신세로다.

예전에는 여러 사람이 함께 어울려 하던 행동을 홀로 즐기는 일이 점차 새로운 사회현상이 되고 있다. 특히 '혼밥' 문화가 자리를 잡게 된 원인으로 혹자는 "쫓기듯이 살아가는 경쟁사회 속에서 개인 간 유대감이 단절되고 있기 때문"이라고 말한다. 하지만 아직 '혼밥'문화에 대한 사회적 인식은 엇갈린다. 어쩔 수 없이 '혼밥'을 선택해야 할 만큼 여유 없는 사회라는 인식과 개인의 시간을 효율적으로 쓸 수 있다는 긍정의 생각으로 나뉜다. 혼자 밥을 먹는 것을 이상하게 생각하던 기존의 사회인식이 변하고 있는 것만은 확실하다.

밥을 먹는 데에도 사회적 의미가 있다. 가족이 얼굴을 마주하고 머리를 맞댄 자리에는 '밥상머리' 교육이 있고, 친구나 직장동료와의 식사는 친밀감의 표시요, 소소한 대화의 장이다. 한편에서는 '혼밥'을 즐기기 시작하면서 관계의 그룹에서 자유로워졌다고 하나, 청년세대의 인간관계 단절과 고립을 우려한다.

2015년 초 통계청 집계에 따르면, 2014년 말 국내 1인 가구 비율은 25%였다. 네 가구 중 한 가구, 500만 명 정도가 1인 가구이고 해마다 느는 추세다. 특히 20-30세대의 1인 가구의 증가가 더욱 심하다. 이런 흐름 때문인지 혼자 밥을 먹는 '혼밥'문화가 생성된 것이다. 식사에 사용할 시간의 여유가 없고 함께 먹을 친구가 없기 때문이라고 한다. 그러나 같이 먹을 사람이 없어서가 아닌 자기만의 시간을 가지고 편하게 식사하고 싶은 '혼밥족' 또한 적지 않다고 한다. 핵가족화로 형제자매가 없고 맞벌이 가정에서 자란 청년층에게 '나 홀로' 문화는 당연한 일인지 모른다.

인터넷이 발달하면서 젊은 세대는 직접 만나지 않아도 서로의 생활과 정보를 공유하는 수단이 많아졌다. 그 안에서 개인의 독립적인 공간과 시간을 즐길 수 있지만 그로 인해 이질성과 다양성의 차이가 더 심화되고 있다. '혼자'라는 단어가 '외로움'과 직결되지 않는 것이 우리 사회의 새로운 현상이란다. 하지만 벽을 마주하고 홀로 먹는 밥이 얼마나 맛있을지, 외롭지는 않은지 염려스럽다. 더욱이 경제적인 문제 등으로 어쩔 수 없이 혼자 지내는 사람에게 '혼밥'이란 그저 서글프고 쓸쓸할 뿐일 게다.

어쨌거나 '혼밥'을 어디까지 경험해 봤는지 이른바 '혼자 밥 먹기 등급'이 있는가 하면, '혼밥' 식단을 SNS에서 공유하는 '혼밥 인증'도 있다니 혼자 먹는 밥이라고 위축되지 말자고 마음먹는다. 수제비 한 그릇을 비우는 동안 오만 가지 생각이 스쳐갔다. 여행길에 혼자서 하는 한 끼 식사가 사회의 한 현상을 들여다보게 했다. 가족들의 다정한 얼굴이 떠오른다. 밥상에 에둘러 앉는 일이 점점 드물어지고 있다.

# 차별 없는 세상을 위하여

몇 해 전 한국인의 고정관념과 사회적 편견에 관한 영상물을 본 적이 있다.

번화한 도심의 거리에서 동·서양의 남성 두 명이 제각각 지나가는 행인에게 길을 묻는다. 대부분의 사람들은 서양인에게 친절하며 어떻게든 도와주려고 애쓴다. 밝은 미소로 소통을 위한 언어를 구사하며 그도 안 되면 몸짓언어로 표현하거나 길 안내자로 직접 나서기도 한다. 이어 동양인이 같은 목적으로 시도한다. 어떤 이는 못 들은 체, 못 본 척 곁눈질하며 그냥 스쳐간다. 어찌어찌 겨우 도움을 받지만 무표정하고 불친절한 한국인에 당황스러워 한다.

또 하나의 실험은 자동차를 대상으로 했다. 신호 대기중인 차가 소형일 때 뒤의 차는, 신호가 바뀌자마자 앞차가 움직이지 않으면 단 1초의 기다림도 없이 빵빵거리며 경적을 울린다. 그러나 대형차나 외제차가 앞에 있을 경우 출발이 늦어도 다소곳이 기다려주었다. 실험을 통해 확인한 것처럼 고정관념으로 인한 편견과 차별에 대한 인간 내면의 진실에 흠칫 놀랐고 그러한 현상에 좀 부끄러웠다. 이러한 편견과 차별적 행동은 어디에서 오는 것일까?

사람은 평등하게 대우받아야 한다고 생각하지만 실제 행동은 그 생각과 동일하지 않은 것 같다. 사람은 수많은 편견을 마음이라는 틀 속에 집어넣음으로써 개체마다의 특성을 집단이라는 묶음 안에서 생각하게 되고, 마음과 행동이 그 영향에 따라 표출된다고 한다. 이러한 사회적 차별은 평

등의 기본 원리를 표방하는 사회에도 명백히 존재한단다.

전북 지역에는 2만여 명의 다문화가족이 있다. 설문조사에 따르면 그들 중 절반 정도의 결혼이민자와 혼인귀화자가 차별을 경험했다고 한다. 일터에서, 배우자의 가족 또는 친척에게서, 거리나 마을의 사람들에게서, 또 대중교통을 이용할 때도 차별당했다고 한다. 특히 결혼이민여성이 느끼는 사회적 거리감은 한국사회에 대한 거리감보다 지역사회에 대한 거리감이 더 큰 것으로 나타났다.

저인구, 초고령화와 함께 다문화사회를 미래의 메가트랜드로 제시한 국토연구원은 2050년에는 우리 국민 10명 중 1명이 외국인인 다문화사회가 될 것으로 전망하고 있다. 이렇게 빠르게 진행되어가는 것과는 달리 한국인들의 수용의식은 아직 멀리 있는 것 같다. 다문화사회를 대하는 우리의 시선이 많이 나아졌다고는 하나 지금도 저개발국가나 인종에 대한 편견과 차별이 엄연히 존재하고 있다. 어찌 인종이나 빈부의 차이에서 뿐이랴. 누구나 한번쯤은 피해자나 가해자가 되었던 씁쓸한 기억을 더듬을 수 있을 것이다.

그러한 일들을 우리는, 그 사람의 성격으로 인한 문제라고 생각하면서 자신만은 그렇지 않을 거라는 믿음을 가진다. 그러나 그 믿음은 실험을 통해 확인한 것처럼 현실과는 거리가 멀다. 공정하고 편견이 없을 거라는 믿음과 상반되는 행동을 하게 되는 것, 이것이 우리가 가진 또 하나의 슬픈 자화상이란다. 마음은 착각을 만들고 그 착각이 행동을 지배하며 사회에 영향을 준다고 한다. 고정관념의 틀을 깨고 편견이 차별로 이어지지 않도록 숨어있는 내 안의 믿음을 결코 외면해서는 안 되겠다. 차별 없는 세상을 위하여.

# 한글은
# 또 하나의 한류

2012년을 키워드로 정리하면 정치권은 '대선', 스포츠계는 '올림픽', 대중문화계는 '싸이'라고 할 수 있다고 한다. 거기에 덧붙여 2011년에 제정되어 2012년부터 시행되는 한글날 공휴일 지정에 큰 의미를 부여하고 싶다. 한 해가 새롭게 시작되면서 달라지는 일이 많지만 그중에서도 22년 만에 다시 법정 공휴일로 지정된 한글날은, 국민에게 한글에 대한 자긍심을 높이고 우리의 말과 글에 대한 관심과 사랑을 다지는 계기를 만들 것이라고 믿는다.

세계가 한 울타리가 되었다. 다문화, 다국적 사회로 변화하면서 세계인은 모두 우리의 이웃이 되었으며 가만히 앉아서도 다국의 문화를 향유할 수 있는 시대가 왔다. 또 한 나라 안에 여러 인종의 사람들이 뒤섞여 살아가고 있으며 국제결혼율 역시 점점 증가하는 추세다. 이렇듯 전 세계가 다문화화하고 있는 현실에서 의사소통을 하기 위한 언어는, 언어가 곧 문화이며 경쟁력이라고 말할 수 있을 만큼 중요하게 되었다.

한글은 유네스코 세계기록유산으로 지정되었다. 또 문맹퇴치에 공헌한 사람에게 유네스코에서 세종대왕상(King Sejong Prize)을 수여하고 있다. 세계 각처의 유수한 언어학자들은 한글의 우수성과 가치를 높이 인정하고 있다. 세계가 이렇게 한글에 대해 찬탄하고 있는데 정작 우리는 한글의 가치를 얼마나 절실히 느끼며 한글 사랑을 실천하고 있을까? 불행히도 우리 사회는 지금 영어와 로마자의 홍수 속에서 헤어나지 못하고 있다.

어느 정보 매체에 의하면 자음과 모음의 체계적 조합으로 만들어진 한글은 모바일시대를 맞아 더욱 활짝 꽃필 태세라고 한다. 휴대전화 자판은 세계 공통으로 숫자 0~9와 기호 *, # 등 12개로 이뤄져 있다. 영어는 자판 하나에 3~4개의 글자를 할당하는데, 이에 반해 한글의 경우엔 기본 자음과 모음이 8개로 구성돼 있어 획과 쌍자음 단추만 추가하면 모든 글자를 매우 빠르게 조합해낼 수 있다고 한다.

특히 140자로 제한된 트위터 등 단문 블로그에서도 한글의 정보 입출력 효율성은 유독 돋보인다. 예를 들어 'high school'→ '고교'나 'house'→'집'처럼, 한글에선 한두 글자로 표현할 수 있는 정보량이 훨씬 더 많다. 똑같은 140자라 하더라도 영어에 비해 더욱 풍부한 내용을 표현할 수 있다는 점에서 한글이야말로 스마트폰 시대에 최적의 수단이라고 한다.

요즘 우리나라의 연예인들이 세계 각처에서 한류스타로서 인기몰이를 하고 한국의 드라마가 사랑 받고 있다. 2014년에 가수 싸이의 〈강남스타일〉은 한국의 대중문화 발전에

만 머무는 게 아니라 부가 산업에도 어마어마한 영향을 미쳤다고 한다. 그뿐인가. 한국어를 배우려는 외국인이 부쩍 늘고 있단다. 국내에는 유학생과 결혼이주여성, 외국인 노동자, 산업체의 고급인력 등이 유입되고 있다. 그들은 한국 국적을 취득하거나 단기 또는 장기간 머무르기 위해 한국어 교육을 필요로 한다.

시대에 따라 소멸하고 변화를 거치면서 신종어가 생겨나기도 하지만 어쨌거나 말은 의사소통의 도구며 수단이다. 말은 곧 그 사람의 품격이요 인격 그 자체라고 하니 어려운 말이 아니라 쉽고 편한 말과 바른 말, 고운 말을 쓰면 좋겠다. 말은 배설이 아니고 배려라고 한다.

22년 만에 다시 공휴일이 된 한글날. 이를 계기로 한글이 또 하나의 한류가 되어 지구촌을 들썩이게 하는 날이 오기를 고대한다.

# <우리들의 행복한 시간>을 읽고

그들은 과연 이 책의 제목처럼 행복했을까? 행복은 주관적인 것이라서 자신의 관점에서 타인의 행복을 평가한다는 게 모순이지만, 내가 보기에 그들의 행복한 시간이란 것은 행복이라는 포장지 안에 슬픔을 감춰놓은 시간들 같았다.

이 소설의 저자 공지영은 과연 우리에게 어떤 메시지를 전하고 싶었을까? 아마도 소외된 자들의 일그러진 모습과 사회적 약자에 대한 편견적 시선 그리고 그들에 대한 이해의 폭을 말하고 싶은 게 아닌가 한다.

첫째는 가정과 가족 간의 문제였다. 결손가정이나 빈곤층의 아동, 영아의 유기 문제 등이 사회적인 문제로 점점 더 확대되는 현실이다. 둘째는 성에 관한 것으로 매일 뉴스에 오르는 성폭력에 대한 심각성이다. 성에 대한 사회적 편견이 범죄를 은닉하도록 한다는 점이다. 셋째는 여전히 논란거리인 사형제도이다.

첫째의 경우, 올바른 사회 구성원이 되기 위해서는 무엇보다 가정의 역할이 우선일 터인데, 원만한 가정에 속하지 못한 아동들은 자연히 범죄 위험성에 항상 노출되며 또 그런 환경 속에서 성장할 수밖에 없다는 것이다.

둘째의 경우, 사회적 편견은 성폭력 피해자에게 평생 지울 수 없는 상처를 남김에도 불구하고, 성폭력자의 폭력행위가 '문유정의 사례'처럼 묵인되거나 은닉되어 법의 심판을 받지 않는다는 점이다. 마지막으로는, 모든 것을 뉘우치고 새 삶을 살아갈 수 있을 정도로 교화되지만 결국 형장의 이슬로 사라지는 윤수를 통해서 사형제도에 대해 깊이 생각하게 하는 찬반 논란이다. '아침에는 사형을 언도하는 재판관이지만 저녁에는 그들을 위해 기도한다.'라는 한 구절이 떠오른다. 이런 것들에 대한 해결책에 대해서는 여전히 딱 부러진 해답을 찾을 수 없어 마음 아프다. 그래서 나는 〈우리들의 행복한 시간〉이란 역설적인 제목 속에서 왠지 모를 아련한 슬픔 같은 것을 맛보았다.

지금 우리 사회가 점점 더 피폐해지고, 인면수심의 끔찍한 사건들이 갈수록 늘어나니 가슴이 먹먹하다. 하지만 어둡고 칙칙한 곳에서 '눈물로 사랑의 풀빵을 굽고, 그 풀빵을 뒤집을 줄'도 아는 문모니카 수녀님 같은 분들이 계시다는 사실에 감사했다. 한편으론 지금까지 자신의 안위만을 위해 살아온 내 삶이 한없이 부끄러웠다.

세상은 진정 눈에 보이는 그대로가 모두 진실일 수 없다. 또 진실한 사랑과 용서는 무쇠도 녹일 수 있다. 다시 한 번 나의 사랑과 용서에 대해서 진실한 눈을 뜬 셈이랄까.

이 책의 말미에서 세네카는 이렇게 말했다. "신비롭게도 사람이 삶을 배우는 데 일생이 걸린다. 더더욱 신비롭게도 사람이 죽음을 배우는 데 또 일생이 걸린다."라고.

# 직선보다 곡선

날마다 여행을 떠난다. 하루 중 길 위에서 보내는 시간이 적지 않음에도 대문을 나설 때마다 매번 설레는 걸 보면 역마살을 타고났나 보다.

언제부터인지 몰라도 직선보다는 곡선의 길을 더 좋아한다. 당연히 나는 고속도로보다 국도나 지방도를 선호한다.

산 넘고 강을 건너 안개 낀 호수와 맞닥뜨리는 꼬불꼬불한 길 위에서 한가한 마음으로 드라이브를 즐긴다. 가재미눈으로 힐끗힐끗 엿보는 창밖의 풍경에 전율하면서 말이다.

한 치 앞을 내다볼 수 없는 것이 인생이라고 한다. 어쩌면 지금 내가 달려가고 있는 이 길이 곧 우리의 인생길이 아닐까. 머릿속은 마치 가느다란 수만 가닥의 전기 회로가 꼬여있는 것처럼 헝클어진다. 그 어느 순간 갈 지之자 운전을 하게 되어 화들짝 놀라기도 한다. 어떻게 하면 굳은살처럼 박혀 있는 사소하고 부질없는 생각들을 흔적도 없이 파낼 수 있을까.

21세기의 현대인은 기다리는 일에 익숙하지 못한 것 같다. 손전화 하나만 있으면 서로의 안부를 묻거나 일상생활에 필요한 일쯤이야 금방 해결할 수 있음에도 조급증을 털어내지 못한다. 오히려 소유하고 있는 것들로 인해 정신적인 장애를 더 껴안게 되어 초조해하거나 불안해 한다고 한다. 생활은 더없이 편리하고 풍요로워지는데 사람들의 마음은 너그러운 수평보다는 수직으로 뾰족해져 간다. 그것에 닿기만 하면 터져버릴 것 같은 위험이 처처에 도사리고 있어 나날의 안위가 결코 평탄치 않다.

혹자는 인생의 속도를 달리는 자동차의 속도와 나이에 빗대어 말한다. 시간과 더불어 가는 속도경쟁에서 하루하루를 위태롭게 살아가고 있는 우리 모두가 염려스럽다. 꼭 그래서만은 아니나 느리고 더디게 갈 수 있는 한적한 길에서 나는 삶을 노래하고 싶다. 서둘러 오라거나 빨리 가라고 아무도 재촉하지 않는다. 가다가 힘들면 쉬어가라며 차창 밖 풍경이 손짓을 한다. 펄펄 끓는 찌개냄비처럼 뜨거운 내 속을 감싸줌은 물론 인생철학까지 깨닫게 해 준다. 아직도 성숙하지 못한 인격이 원망스러워 안절부절못하는 내게 품을 내주는 대자연의 애정은 은혜이지 않은가.

젊은 날 한때엔 거침없는 직선의 삶을 동경했다. 속전속결로 잘나가는 사람들을 곁눈질하며 부러워한 적도 없지 않다. 세상에는 가난하거나 운 없는 사람이 있게 마련인데 내가 그 당사자가 아닐까 치부한 적도 있다. 세상에 고통은 있게 마련이고 나라고 해서 그 고통을 피해갈 방법은 없다. 다만 이제는 직선을 원하기보다는 곡선을 선호하고 싶다. 그래서일까? 어지간히 급한 일이 아니면 곡선의 길을 통과 한다. 그 길에서 지나온 날을 더듬어보고 앞으로의 날을 그려보기도 한다. 한 굽이 돌아 한숨 한 번 몰아쉬고 산모롱이 두 번 휘돌아 껄껄껄 웃음 짓는 여유를 누려보고 싶기 때문이다. 그동안 속도경쟁으로 황폐해진 영혼에 그렇게나마 자양분을 부어 보려는 속셈이다.

삶의 터전에는 언제나 직선과 곡선이 공존한다. 어느 길에서건 내게는 배울 것이 많다. 햇빛 속으로 나서는 순간 질긴 생명력이 다시 부풀어 오른다. 차창 밖 풍경에 젖을수록 나는 굼뜨게 마련이지만 느린 속도로 만나는 풍경 속에서 나 자신도 곡선이 된다. 평화로움이 넘실대는 그저그런 길모퉁이에서 오늘은 어떤 선율이 울려 나올지 기대한다. 가슴 밑바닥에서 은밀한 기쁨이 돋아나고 있다.

우리나라 전도全圖를 본다. 지천명의 나이가 되어서야 다시 들여다보게 된 223,098㎢의 땅 덩어리. 그 안에 내가 눈길을 주었던 곳들은 아주 적어서 모든 곳이 낯설기만 하다.

나는 종이 한 장을 펼쳐놓고 한반도 구석구석에 깃발을 꽂고 있는 중이다. 여기저기서 유혹하는 바람에 당장이라도 대문 밖으로 나가고 싶은 마음이 간절하다.

계절 탓일까? 내 시선이 오래 머문 곳은 파란색 위에 떠 있는 크고 작은 섬들이다. 언제나 달려가고 싶은 제주도, 일본이 그리도 탐을 내는 독도. 아니다. 이름 없는 어느 작은 섬이라도 좋다. 그곳에서 세월을 낚는 어부가 되어 한세월을 유유자적할 수 있다면…….

잠시잠깐의 상상만으로도 마음은 벌써 망망한 바다 한가운데 두둥실 떠 있다. 더위마저도 한풀 꺾인 듯해진다.

지도를 곰곰이 들여다보다가 싫증이 날 무렵, 뒤통수를 후려치듯 문득 떠오르는 건 내 인생의 지도였다. 뜬금없는 생각은 매미 소리조차 들리지 않는 여름 한낮처럼 막막하고도 흥미로웠다. 정확히 호랑이 모양도 토끼 모양도 아닌 밑그림에는 곡선과 사선이 뒤엉켜 있을 뿐, 경계가 어디인지 모를 희뿌연 안개 속에서 좌충우돌하고 있다. 가끔은 갈지자걸음으로 휘청대며 걸어온 길, 더러는 제 잘난 맛에 과속으로 치달았던 길, 협곡을 건너면서도 휘파람을 날리며 행복했던 미로와 같은 길들에게 습관처럼 또 길을 물어야 하는 내가 참, 어쭙잖다.

그러나 그러면 그런 대로 딴에는 무수한 길 위에서 인생을 배우고 사랑을 싹 틔워 꽃을 피웠다. 때로는 타는 목마름으로 속울음을 울기도 했다. 가뭄 끝에 단비처럼 내 목을 젖게 하던 일과 사람들 사이에서 외줄타기를 하듯 걸어온 흔적들에게서 그나마 위안을 삼아본다. 하지만 가보지 않은 길들이 언제나 나를 주눅 들게 한다.

다시 지도를 본다. 굵고 가는 선과 선들의 만남, 그 틈새로 크고 작은 경계를 이룬 선들이 내 몸안의 핏줄 같다. 등굽은 길모퉁이에 서서, 오늘날 우리나라 전도의 근간이 되어준 고산자의 고행을 생각해 본다. 불우하고 곤핍한 생활에도 오직 지도 제작과 지지 편찬地志編纂에 온 정성을 다했다고 한다. 대동여지도는 삼십여 년간 전국 각지를 두루 답사하면서 만들었는데 이를 위해 백두산만도 열일곱 차례나 올라갔다고 하니, 그 집념과 노력에 감탄할 뿐이다.

세 뼘이 채 안 되는 종이 한 장 속의 길 위에서 나는 염치없게도 칠월의 마지막날 하루해를 쉽게 보냈다. 내 인생의 지도를 그려 보려 했으나 어디에서부터 어떻게 시작해야 할지 갈피를 잡지 못한 채. 언제쯤 나는, 세상의 길이란 길

죄다 한곳으로 통하는 반듯한 길 하나 제대로 그려낼 수 있을까.

깃발이 펄럭일 때마다 바람이 푸른 빛으로 지나가는 지금은 그저 평화로운 저물녘이다.

# 꿈꾸는 배

바람모퉁이를 지나, 산골소녀로 자라 어릴 때 못 보았던 바다를 향했다. 모퉁이를 돌아서자 갑자기 현연眩然한 태양 광선이 폭포수처럼 쏟아져 아찔한 현기증을 일게 했다. 그 찰나의 빛을 머리에 이고 바다를 향해 달리는 기분이 자못 상쾌했다.

바다 위엔 사랑하는 사람들의 모습이 떠 있고 아름다운 추억들이 여전히 그대로 묻어 있다. 푸른 파도가 철썩이고 갈매기가 한가로이 노니는 인적 드문 봄바다. 나는 어느새 물비린내 머금은 해초가 되어 갔다. 해면과도 같은 부드러움으로 출렁이다 보니 송곳 같은 세속의 근심걱정마저 단번에 녹아지는 듯했다.

망망대해. 바다에 이르면 그저 바라만 보아도 가슴속이 시원해진다. 그래서 시시때때로 그가 그리워지는 것일까.

그날도 나는 바닷가 모래밭 한 귀퉁이에 멍하니 서 있었다. 밤하늘의 별처럼 셀 수도 없는 꿈들이 심연 속에서 꿈틀대다가 그 꿈을 이루려는 몸부림인지, 파도가 파란 물기둥으로 불끈 치솟기도 했다. 더러는 사라져간 내 꿈까지 불러 모아 함께 철썩였다. 철없는 나는 오랫동안 잊고 살았던 그들과 만나 파도타기를 즐겼다. 이루지 못할 것일지언정 꿈꾸는 그 시간만은 행복했다.

새해를 맞아, 근면성실하고 우직한 소처럼 살아보겠노라고 다짐했다. 지리한 일상에서의 탈출을 꿈꾸며 가슴속 깊이 품어왔던 소망 하나에 깃발을 달고 호호망망한 큰 바다에 작고 보잘것없는 돛단배 한 척을 띄웠다. 끝 모를 바다 저편을 향해 힘차게 노를 저어가리라 다짐을 했다.

시작! 이 시작이라는 단어의 설렘이 지천명의 나이를 무색게 한다. 바다와 마주할 때면 내 삶이 그저 쉼 없이 밀려갔다 밀려오는 파도 같다고 생각하곤 했다. 그럴 때마다 가슴에 파문이 일었지만 늘 게으른 일상의 반복이었다. 그러고 보면 익숙해진다는 것과 길들여진다는 것은 참으로 무서운 중독 같은 것이다.

내 꿈을 넘실 띄웠던 봄바다. 이젠 굳이 그 바다에 가지 않아도 이미 내 마음 한가운데 배 한 척 떴으니 꿈을 향해 열심히 노 저어 나아가야 한다. 사나운 풍랑과 거센 비바람에도 굳건히 견디다 보면 햇살에 반짝이는 은빛 바다 위에 유유자적하는 바닷새처럼 나도 언젠가는 하늘을 날 수 있겠지. 설령 날갯짓에 그치고 말지라도 꿈의 실현에 바친 그 시간은 진정 헛되지 않으리라 믿는다.

비록 꿈으로 끝난다 할지라도 내 마음속에 호호망망한 큰 바다 하나 그려놓고 배 한 척 띄워놓고 사는 일은 정녕 행복으로 노저어 가는 일이 될 것이다.

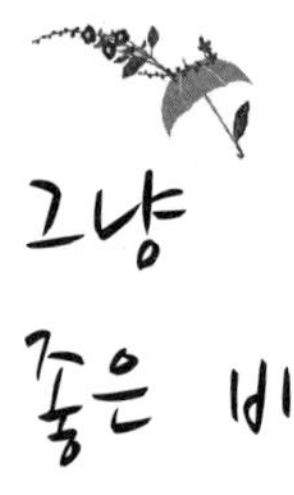

# 그냥 좋은 비

오랜만에 꿈을 꾸었다. 또렷한 기억은 없으나 노곤한 봄날에 단잠을 잔 것처럼 잠이 잠을 부른 지난밤이었다. 잠속의 꿈, 꿈속의 잠이었으니 쌓인 피로를 한 방에 날려버린 기분이다. 거뜬한 몸으로 일어나 창밖 풍경과 마주했다.

밤새 비가 살짝 다녀간 모양이다. 비에 젖은 나뭇잎이 땅

바닥에 납작 엎드려 있다. 간밤의 이상야릇한 기운이 바로 비 때문이었구나 생각했다.

어느 때부터인가 나는 비 내리는 날을 좋아한다. 아마 열 살을 갓 넘긴 때부터 비를 좋아한 게 아닌가 싶다. 파란 비닐우산이나 누런 지우산(종이우산)을 받고 등하교를 하는 날엔 괜스레 설레고 기분 좋아 콧노래를 흥얼거렸다.

비 내리기 전, 시큰둥한 하늘의 낯꽃 또한 싫지 않았다. 검회색 구름이 점점 더 드리워지면 하늘보다 더 낮은 자세로 창가에 쪼그리고 앉았다. 그렇게 앉아서 이런저런 상상과 생각에 빠져 보냈다. 시커먼 구름이 성난 짐승이나 험상궂은 귀신 모양으로 다가올 때면 겁에 질려 후다닥 커튼을 내리곤 했다. 천둥 번개가 하늘을 두 동강이라도 낼 것처럼 으르렁거릴 적에는 깜짝 놀라서 지난 시간의 잘못을 반성하고 용서를 빌었다. 세상의 모든 것을 집어 삼킬 듯 우르르 쾅쾅 번개를 내리칠 때면 그를 잠깐 원망도 했다. 그럼에도 비가 내리면 낭만을 찾고 여유를 즐기려는 분위기를 잡는 소녀가 되곤 했다.

비를 몰고 오는 습한 바람이 좋아 종종 온 동네를 휘젓고 다녔다. 나뭇가지가 춤을 추고 풀이 돌아누웠다가 우르르 일어서는 들녘에서 나는, 나무가 되고 풀을 닮아 같이 눕고 함께 일어서서 등뼈를 곧추세웠다. 세찬 바람에 부러지지 않고 휘어지는 잔가지의 아픔이나 풀의 멀미쯤은 아랑곳하지 않았다. 오직 그들의 유연함에 우우우~ 탄성을 질렀다. 강함의 본때를 보여주는 그들의 삶에 박수를 보냈다.

후두둑 빗줄기가 건너편 강가를 건너올 때면 재빨리 둥구나무 아래로 달려갔다. 나무 아래 넓적한 바위에 엉덩이를 걸치고 앉거나 늙은 나무 몸통에 몸을 기대고 서서 쏟아지는 빗줄기를 하염없이 바라보았다. 그냥 그랬다. 내 발치에 빗물이 흐를 즈음이면 내 몸에도 한기가 스미어 오돌돌 떨면서 집으로 향했다. 풋내 나는 이십대, 깜냥에는 그런 게 낭만을 즐기는 것이라고 여겼다.

무작정 울고 싶은 날에는 빗물인지 눈물인지 모를 터이니 펑펑 울 수 있어 좋았던 비. 울음소리마저 아니 그 설움의 덩어리를 기꺼이 감싸 안아 주던 고마운 비. 비 덕분에 울 수 있는 행복을 누리고 난 다음의 가벼움을 배운 셈이다.

아직도 나는, 저만큼에서부터 퀴퀴한 흙내음과 함께 산

을 넘고 실개천을 가로질러 오는 비가 그냥 좋다. 그래서인지 비 내리는 밤에는 긴 시간 포근한 잠속에 빠져들기도 한다.

이따금 비가 내리는 날이면 소식을 주는 사람들이 있다. 필경 그들은, 비를 보면서 내 생각을 했을 터이니 고마운 일이다.

그러나 2000년대에 들어 온 국토가 가뭄에 메말라가고 있다. 마치 현대인의 일상처럼 건조하고 팍팍하다.

하늘을 올려다본다. 시원한 빗줄기 한번 다녀가면 좋겠다. 친구들에게 빗소리와 함께 다정한 안부를 건네고 싶다.

불현듯 그리움이 솟구친다.

# 인정받고 사랑받고 싶어요

대중매체를 통해 언뜻 들었다. 초등학교 4학년부터 중·고등학교 학생을 대상으로 2016년 1학기 동안의 학교폭력 실태를 조사했다고 한다. 그 결과 중·고생의 경우 학교폭력이 감소하였다. 초등학생은 아쉽게도 0.9% 증가하였으나 전체적인 통계로는 학교폭력이 조금 줄었단다. 반가운

소식이다.

지난 달 '청소년 범죄와 예방'에 관한 교육을 받던 중, 청소년 범죄가 총 범죄의 4.5%를 차지하며 범죄청소년 100명 중 2명 정도가 검찰에 송치된다고 하여 좀 놀랐다. 소년원 수감 연령으로는 16~17세가 가장 많으며 소년원 출원 후 6개월 만에 소년범 재범률이 34%라는 현실에 답답했었다. 청소년 비행의 특징은 '혼자가 아닌 같이'라고 한다. 친구 따라 강남 가는 격이다. 그렇다면 그들은 어떤 이유로 비행을 저지를까?

청소년 비행의 종류에는 가출, 도벽, 폭력, 학교폭력 등등이 있다. 대부분의 아이들은 특별한 목적이 있어서가 아니라 뭉치다 보니 심심해서 비행을 저지르는 경우가 많다고 한다. 그들은 나름 소속감이나 서열을 정리하고, '누군가 나를 알아주기만 한다면 난 어떤 행동이든 한다.'는 생각을 가지고 있다니 인정받기 위한 그릇된 행동이 안타까웠다. 이들은 비행 집단의 구성원으로서 비행 행위, 비사회적 성격 구조, 충족되지 않는 욕구를 비행으로 표출한다. 또한 낮은 자존감 및 부정적 자기 개념과 욕구좌절, 편향된 인지와 도덕적 양심결여, 잘못된 모델링과 학습경험 등으로 인해 범죄의 수렁에 빠진다고 한다.

청소년 범죄가 심각해서 어떻게 그렇게까지 되었는지 의문스러울 때가 많다. 그러나 그들의 속사정을 알고 나면 그들이 왜 어두운 뒷골목을 배회하는지, 왜 범죄에 노출되었는지에 대한 동정심으로 짠해진다. 따져보면 모든 문제는 다른 곳에 있지 않다.

가장 큰 요인은 가정에서의 애착관계나 애정관계, 인정받기 등이 어렸을 때부터 충족되지 않아서이다. 부모의 신체적 · 정서적 · 지적 결함과 부모의 스트레스 및 부재, 자녀의 사회화 교육 실패 등의 가족환경이 중요한 원인이다. 요즘 들어 부쩍 가정 내 폭력이나 아동학대가 부각되고 있다. 도를 넘는 상황에 말문이 막힐 지경인 사례도 많다. 그래서인지 어떤 이는 결혼을 앞둔 예비 신랑, 신부에게 부모교육을 이수토록 하고 부모자격증을 받게끔 하면 좋겠다고 하여 함께한 모두를 쓴웃음 짓게 한다. 그도 그럴 것이 제각각 사회적 구성원으로서의 능력은 출중할 줄 모르나 학습되지 않은 부모의 역할은 무지하고 서툴 수 있기 때문이다.

문제 청소년 뒤에는 반드시 문제 가정이 있기에 다양한 교육을 통해 부모가 먼저 변해야만 한다.

둘째 요인으로는 낮은 학업 성취와 비행문화 접촉 기회의 증가 등 학교환경일 터이고, 감정 및 욕구표현 조절의 어려움, 관계형성 능력 미숙 등의 사회적 요인일 게다. 이들 가해 학생의 심리적인 행동 특성을 살펴보면 충동성, 우울과 불안, 욕구좌절, 도덕적 양심이나 공간능력 등이 매우 부족한 것으로 나타난다. 이러한 원인을 부모나 상담자가 인식하더라도 그들을 상담하고 선도하는 일이란 쉽지 않다. 청소년 범죄를 예방하려는 많은 예방책이 있지만 무엇보다 중요한 일은 감정이나 욕구표현, 문제해결 능력이 부족한 그들의 손을 잡아 주는 것이다. 그들로 하여금 사랑받고 인정받고 있다는 믿음의 씨앗을 심어주는 일이다. 집은 살 수 있어도 행복한 가정은 살 수 없다고 하지 않던가.

여름방학의 시작이다. 올여름에는 우리의 아이들이 덜 심심해 하기를 바랄뿐이다.

5부

# 그들은 어떻게 살아야 하나요

# 한국을 찾아서

저 멀리에서 한국 땅에 찾아온 사람들을 만나러 가는 날엔 신바람난다. 국적과 언어, 생김새와 성격, 고향을 떠나온 사연마저 갖가지인 그들의 한국에서의 삶 또한 각양각색이다. 한국어를 익히기 위해 한곳에 모인다는 공통점 말고는 가을햇살에 물든 알록달록 단풍잎 같다.

몇 년 전 나는 만학도였다. 그에 따른 결실로, 현재 제2의 인생을 살아가고 있다. 학생에서 선생으로 자리를 옮겨 앉게 되었으니 말이다. 선생이라니, 부족한 나에게 가당찮은 호칭이지만 어쨌든 그리되었다. 생각하기에 따라 대수롭잖은 일이라고 여기겠으나 나 자신에게는 대단히 보람 있는 일이 아닐 수 없다.

첫 출발하던 그날의 떨림과 설렘을 아직도 생생히 기억한다. 초심을 잃지 않으리라, 스스로를 다져 온 시간이 흘러 6년에 가깝다. 그동안 무엇보다도 소중한 것을 배웠으니, 내가 이민자들의 외롭고 아픈 마음을 공유할 수 있어서 좋다는 것이다. 한 걸음 더 나아가 다문화가정의 아내와 아이에게 건실한 사회의 일원이 되도록 이끄는 데 밑돌 하나 튼튼하게 받치는 일이라 여기며 사명감을 갖게 되었다.

그동안 여러 다문화가족을 만났다. 어떤 이는 한류열풍 때문에, 또 어떤 이는 가난을 극복해 보려거나 암담한 현실에서 도피하려고 한국에 왔다. 연애결혼으로 한국이라는 낯선 땅을 밟은 이도 있다. 그러나 대부분 결혼중개소를 통해 입국했다. 두어 차례의 만남으로 남은 인생을 송두리째

거는 그녀들 어디에 그런 당참이 숨어 있는지, 대단하다는 생각이 들기도 한다.

그녀들 대부분이 시골마을에 둥지를 틀어서인지 기대와 다른 현실에 그다지 행복해하지 않는 것 같다. 마음 짠하다. 이런 내 마음을 아는지 끈끈한 정과 인간애로 서로를 신뢰하고 아끼게 된 지금은 자신들의 고민이나 아픔을 망설임 없이 털어놓곤 한다. 그럴 적마다 꿈과 희망을 잃지 않고 살아갈 수 있도록 격려하고 붙잡아주려고, 나름 무진 애를 쓴다. 열 손가락 깨물어 안 아픈 손가락 있으랴! 그들은 나에게 가족과 다름없는 사람들이 되었다.

캄보디아에서 날아온 P는 포도알처럼 검고 큰 눈을 가진 여성이다. 두 살배기 아들을 P의 품에 남겨둔 채로 남편이 이승을 떠났어도 성격이 밝고 학습의욕이 넘친다. 필리핀에서 온 S는 아이를 갖지 못해 언제나 우울한 낯빛이다. 아기가 있어야 더 안정적인 마음의 정착이 이뤄질 텐데. 키가 큰 J는 남편의 무능함과 술 그리고 많은 나이 차를 견디느라 안간힘을 쓰고 있다. 종종 그들의 아픔이 내 것으로 전이되어 입이 쓰고 가슴이 먹먹하다. 하지만 모두가 어렵고 힘든 것만은 아니다.

몽골에서 온 A와 베트남에서 온 Y는 무척 긍정적이고 쾌활하다. 한국어를 제법 잘해서 웬만한 어휘를 구사하는 것은 물론이고, 우리의 정서와 문화를 십분 이해하여 행동하며 미래에 대한 야무진 포부를 갖고 살고 있다. 중국, 우즈베키스탄, 일본, 감비아 등 여러 나라의 학습자들을 만나 친구처럼 지내는 시간이 참으로 즐겁고 보람차다. 내 전화기의 연락처에는 ○○프엉, 뭐이○○, 듀거스렌 ○○, 깜 등의 글로벌시대를 실감나게 하는 이름들이 빼곡하다.

R은 서아프리카에서 온 유학생이다. 처음 대할 땐 피부색이 너무 달라서 당황스러웠다. 하나 하얗게 웃는 모습이 참으로 맑아서 나도 모르게 두 손을 덥석 잡고 첫인사를 나누었다. 여성들이 판을 치는 공간에서 호방하고 소탈한 성격으로 뭇 여성들의 '오빠'로 인기 만점인 그는 부인과 아이를 고향에 두고 온 지 4년이 넘었다고 한다. 한국어가 참 재미있다는 R과 더불어 오늘도 나는 창의적이며 독창적인 한글을 풀어 아름다운 무지개를 함께 그렸다.

삶이 그러하듯 그들의 일상이 늘 나쁘거나 항상 좋은 것만은 아닐 터. 밝은 얼굴을 대하면 나도 덩달아 환해지지만, 어둡고 초췌한 얼굴 위로 닭똥 같은 눈물을 흘릴 때면 내 마음도 물에 젖은 솜처럼 무거워진다. 그럴 적마다 내 머릿속은 천만 가지 생각들로 어지럽다. 처한 현실이 안타깝지만 어느 누구도 대신해 줄 수 없는 아픔이기에 그저 바라볼 수밖에 없다. 내 딸아이 또래인 그녀들이기에 가르치는 선생이라기보다는 따뜻이 감싸 안아주고픈 모성본능이 앞선다. 하지만 그런 시련도 잠시, 언제 그랬냐는 듯 들풀처럼 꿋꿋하게 다시 일어나 생활하는 모습에 큰 박수와 격려의 말을 부어주곤 한다.

때때로 궁금하다. 지금 그들이 가슴에 품었던 무지개를 찾았는지? 어떤 빛깔로 무지개를 색칠해 가고 있는지?

그들이 이 땅에서 뿌리를 굳건히 내리고 잘 살아갈 수 있기를 나는 간절히 염원한다. 그들의 무지개가 꿈과 희망을 찾아가는 고운 색으로 채색되어 빛날 수 있기를 기도한다. 나 또한 그들과 어울려 오래오래, 웃고 즐거워할 수 있기를 소망한다.

# 그들은 어떻게 살아야 하나요

작은 소리에도 뒤척임이 잦다. 가을 탓인가.

이른 아침부터 거실과 서재를 들락거리며 서성인다. 마음속을 짓누르는 그 무엇의 정체는 무엇일까? 아마도 마른 낙엽 같았던 그녀의 표정이 마음 바닥에 가라앉아 있어선가 보다.

국제화 시대가 되었다. 이미 '다문화 사회, 다문화 가족'이라는 말이 그리 낯설지 않다. 조금만 관심을 가지고 주위를 둘러보면 국적이 다른 사람들을 쉽게 만날 수 있다. 그들의 목적에 따라 이곳에서의 삶이 다르다. 물론 그에 따라 만족도나 행복지수에도 차이가 있기 마련이다.

정부에서는 다문화가정을 위해 다양한 정책을 펴고 있다. 그뿐인가. 지방자치단체를 비롯한 지역의 여러 단체나 기관에서도 관심을 가지고 그들의 애로사항을 해결하는 데 앞장서고 있다. 그럼에도 종종 무조건적인 관심과 이벤트성인 행사나 지원은 적절한가라는 의문을 갖게 한다.

내가 만나는 사람들은 주로 스물을 갓 넘거나 삼사십대의 결혼이주여성들이다. 한국에 오게 된 동기가 다르고, 현실에 대한 적응력이나 생각이 다르다. 주위의 시선이나 편견으로 인한 어려움도 적지 않단다. 그러나 이들에게 가장 큰 고민거리는 무엇보다도 가족 간의 원활한 소통과 재정적인 문제로 보였다.

우선 일방통행인 의사소통이 그들을 무척 외롭게 했다. 남편이나 시부모로부터 큰 소리를 들을 때는 그들에게 뭔가 좋지 않은 말을 하는 것으로 짐작했다. 또 돈 때문에 심한 모욕감을 느끼거나 어려움에 처하는 경우가 많았다. 그럴 때에는 궁색한 현실이 답답하고 어떻게 살아야 할지 막막하다고 한다. 이들은 의사소통을 위해 지역의 한국어 교육기관이나 방문교육으로 도움을 받고 있지만 그마저 혜택을 누리지 못하는 경우도 있다. 가족의 협조 없이는 불가능한 일이기 때문이다. 또한 이들 부부 대부분은 많은 연령차를 극복해야만 한다. 이러한 나이차와 경제적인 쪼들림 역시 부부간의 갈등에 한 몫을 차지한다.

통계청이 발표한 자료에 의하면, 지난해 결혼한 부부 열 쌍 중 한 쌍은 외국인이나 귀화한 한국인이 결혼하는 다문화혼인이며, 이혼한 열 쌍 중 한 쌍도 다문화 부부란다. 다문화 혼인 건수는 비율로는 0.1% 포인트 줄었으나 이혼은 전체 이혼 중 12.3%를 차지했다. 이는 점점 늘어나고 있는 추세이며 이혼까지 평균 혼인기간은 4.7년이었다. 걱정스러운 일이다.

내가 만나는 사람들 모두가 별 문제없이 잘살고 있다면 좋으련만 그렇지 못한 경우가 있으니 딱하다. 그들은 이따금 슬픈 눈빛을 하고 이렇게 말한다.

"선생님! 나, 어떻게 살아요?"라고.

하지만 나는 캄캄한 터널 속 같은 그녀의 절망 앞에 난감해 할뿐, 해답이 없는 질문에 그저 마음만 아프다.

어렵게 선택해서 온 길임에도 다시 고향으로 돌아가고 싶을 때도 있다는 그들. 진실이 왜곡될 때에는 속상해서 그만 살고 싶을 때가 많지만 의사소통이 원활하지 않으니 억울함을 호소하는 일조차 어렵다. 대화를 시도해 보지만 목소리만 높아지고 그러다 결국 등을 돌린 채 며칠이 지나기도 한단다. 때로는 가족의 불신에 서럽고 쓸쓸하다고 한다. 두 사람 중 누가 옳고 그른지는 모르겠으나, 양쪽 다 따스하게 감싸주고 싶지만 현실은 그렇지 않다. 이런 내게 그녀들은 말한다.

"나는 많이 참고 노력하는데 우리 남편은 왜 안 그래요?"

"왜 나만 그래야 해요?"라고. 그럴 때는 맥없이 미안하다.

결혼이주여성들에게 다양한 교육이나 문화체험 등이 이루어지고 있다. 대부분 돈이 들지 않으니 조금만 부지런을 떨면 된다. 그러나 시부모나 남편을 대상으로 하는 교육의 기회는 부족한 실정이어서 아쉽다.

이제 우리는 그들이 살아가는 데 필요한 것이 무엇인지 진정으로 고민해야 하며, 일회적이거나 가시적인 행사보다는 장기적인 안목을 가지고 대처해 나가야 하지 않을까. 서로 다른 점을 인정해주고 받아들이려는 적극적인 마음이 가정의 화목을 이루게 하는 원동력이 될 것이다. 우리나라의 남녀 평균수명은 여자가 남자보다 여섯 살 정도를 더 산다는데, 다문화 가정의 나이차는 심각하다. 이를 극복할 수 있는 경제적인 해결책 또한 조속히 이루어져야 한다.

그들은 이미 우리 사회의 일원이 되었고, 장차 이 나라의 미래를 짊어지고 나갈 아이들이 태어나 다수의 아이들이 초등학교, 중학교에 다니고 있다. 그들 중 제대로 학업을 마치지 못하고 자퇴하는 아이들이 있다고 한다. 그 아이들이 소외되거나 관심 밖으로 밀려나서는 안 되지 않겠는가. 더 큰 사회적 문제를 안고 올 것이니 말이다.

머나 먼 곳에서 장밋빛 꿈을 안고 한국이라는 나라를 향해 달려온 그들이 고난을 당하는 걸 보면 가슴이 저린다. 한편, 나이차나 재정적인 어려움을 극복하고 열심히 살아가는 모습을 보면 고맙고 대견스럽기까지 하다. 시부모와 남편의 사랑을 받으며 행복해하는 얼굴에는 웃음꽃이 환하다. 모두가 그렇게 환하게 웃을 수 있다면 참 좋을 텐데.

# 우리 모두 친구요 이웃이다

국내에 체류하는 외국인이 점차 증가함에 따라 정부는 재한외국인과 국민이 함께 어울리며 소통할 수 있는 장의 필요성을 느꼈다. 이에 2006년 3월 '외국인의 날' 지정을 위한 이민정책 포럼을 개최하였다. 이후 의견수렴 및 설문조사를 통해 2007년 5월 17일 '재한외국인 처우 기본법'을 제정, 제19조에 매년 5월 20일을 '세계인의 날 Together Day'로 지정하였다. 또한 '세계인의 날'로부터 1주간의 기간을 '세계인 주간'으로 한다고 명시하였다. 국제연합(UN)이 정한 '세계 문화 다양성의 날'인 5월 21일이 적합한 것으로 조사되었으나 이날은 부부의 날과 중복되어 5월 20일로 정했다고 한다. '세계인의 날' 로고는, 세계인의 다양한 얼굴을 5개의 꽃잎을 지닌 무궁화꽃으로 검정, 초록, 빨강, 노랑, 파랑으로 시각화하여 세계인의 화합과 소통을 상징한단다.

외국인의 날은 국민과 외국인이 서로의 문화와 전통을 존중하면서 더불어 살아갈 수 있는 사회 환경을 조성하기 위해 제정된 법정기념일이다. 우리 지역에서는 지난 주 20일 김제시 요촌근린공원에서 '세계인의 날'을 기념하는 행사를 열었다. 아홉 번째의 다문화어울림축제로 '다 같이 돌자 지구 한바퀴'라는 슬로건 아래 '어머니'를 주제로 하는 다문화 사진전 및 백일장 수상작을 전시했다. 축제마당에는 다문화 푸드존, 희망존, 놀이존, 협력존, 전시존 등의 부스를 마련하였다. 베트남의 새우튀김, 몽골의 후르츠요구르트, 중국의 딤섬, 캄보디아의 놈뻬뻬애, 태국의 쌀과자와 음

료수 등등 나라별 음식을 맛보게 하고 잠자리, 조개목걸이, 인형브로치 만들기와 각국의 전통의상 체험 등 다양한 문화를 보고 즐기느라 북새통을 이뤘다.

시내를 한바퀴 도는 퍼레이드를 시작으로 기념식과 축하 공연 그리고 어울림예술제로 이어졌다. 예술제가 펼쳐지는 무대 위에서는 통합국적인들이 제각각 준비한 보따리를 풀어놓았다. 특히 필리핀의 춤 '부락라칸'과 '대나무춤', '아프리카 젬베'를 비롯한 댄스와 악기연주 그리고 사물놀이가 엉덩이를 들썩이게 했다. 끝 무대를 장식한 임실센터의 대동한마당은 한타령으로 덩실덩실 춤추게 하고 특별출연인 '이스트기네스'의 비보이댄스는 공연마당을 단번에 함성으로 가득채웠다.

다국적인들이 모인 그날, 축제 한마당에서 온종일 뒹굴면서 나는 글로벌 한국, 글로벌 시민임을 실감했다. 얼굴이 다르고 피부색이 다른 것처럼 서로 다른 문화의 차이가 다양해서 좋았다. 이러한 문화다양성이 전통적인 한국문화와 만나 아름다운 무지개 빛깔로 재탄생한다면 한결 더 풍요로워질 수 있을 것이다. 하지만 아직 다문화에 대한 미래지

향적 인식이 부족한 현실이다. 한국문화는 민족단일문화라선지, 다른 민족의 문화와 풍습을 받아들이는 일이 쉽지 않아서인지, 지역민들이 더 많이 참여하고 소통하는 자리가 되지 못한 점이 아쉬웠다.

다문화가족이나 외국인들의 체류가 늘어나고 있는 시대다. '세계인의 날'을 국가에서 법정기념일로 제정한 만큼 지역민들과 이주민들이 더 잘 삶의 동행자가 되면 좋겠다. 한국이라는 나라에 둥지를 튼 이주민 또는 외국인에게 우리는 꾸준한 관심과 인류애의 배려로 응원해주어야 한다. 그래야만 새로운 이웃들과 함께 이 땅에서 원활하게 공생할 수 있을 것이다.

'세계인의 날'과 '세계인 주간'을 보내면서 피부색과 생김새는 달라도 우리는 모두 친구요, 이웃이라는 말을 되짚어 보았다.

# 스며들다

## 두 소녀

두 소녀를 만났다. K라는 여고생은 신체적 장애를 안고 있다. 멀리서 보아도 그녀가 누구인지 금방 알아볼 수 있을 정도였다.

K와 J는 초등학교 시절에 만나 우정을 다져왔다. 신체적

장애는 없지만, 불우한 가정환경 탓에 어둡고 쓸쓸한 시간을 보내고 있던 J에게 어느 날 K가 다가왔다. 피차 외롭고 그늘진 생활을 해오던 터이기에 그들은 누가 먼저랄 것도 없이 한몸처럼 아픔을 나누었다.

그렇게 세월이 흘러서 고등학생이 된 그들의 우정은 지나온 시간만큼 견고했다. J는 방과 후에 K의 집에 들러 그녀의 손발이 되어주곤 했다.

그런데 이게 어찌된 일인가! 멀쩡했던 J에게 K와 똑같은 장애가 찾아든 것이다. 한 걸음 두 걸음 옮길 때마다 다리가 X자로 꼬이는 이상(?) 증상이 나타난 것이다. K와 달리 병의 원인마저 찾을 수 없으니 가족의 걱정이 이만저만한 게 아니었다. 어찌어찌하다 심리적인 상담을 통한 J의 병명은 '전환장애'임이 밝혀졌다. 두 사람의 우정이 너무나 깊다 보니 서로에게 모든 것이 스며들어 생긴 증상이라고 한다. 그러다 보니 J의 부모는 K를 만나지 않았으면 하고 바라지만 J는 아랑곳하지 않았다. 오히려 친구를 원망하지 않고 담담하게 현실에 적응해 나갔다.

등굣길에 만나 같은 모습으로 찌우뚱 짜우뚱 걸어가는,

하지만 함께 나누는 우정과 사랑으로 밝게 빛나던 두 소녀의 뒷모습은 든든하고 따뜻해 보였다. 그네들의 가슴과 눈빛은 보일 듯 말 듯 진심을 다해 서로가 서로에게 스미었던 것이다.

## 일곱 여인들

제각각 사연이 달랐다. 아픔의 색깔과 언어가 다른 일곱 여인들.

그들과 나는 매주 한 번씩 만나 가슴으로 소통하며 서로를 읽었다. 그들은 스물을 갓 넘겼는가 하면 이십대 후반에 가깝다. 아직은 부모 곁에서 응석을 더 부려도 될 나이련만, 한 가정을 이루고 살아가야 하는 그들의 어깨는 무거워 보였다.

글로벌시대를 맞아 우리나라도 다문화, 다인종의 사회로 변화하고 있다. 요즘 내가 주로 만나고 있는 사람들 중 다수는 다문화 가족이다. 비록 말이 잘 통하지 않는다고는 하나 그들의 촉촉한 눈빛으로도 많은 것을 느끼게 한다.

지난 오월이었다. 오월은 가정의 달이라 하여 이런저런

기념과 행사들이 많다. 그러다 보니 낯선 타국에 살고 있는 그들에게 고향의 가족 생각이 더욱 간절하겠지 싶어 가족에게 편지를 쓰기로 했다.

처음엔 못 쓰겠다며 고개를 절레절레 흔들던 그녀들이 이내 그리움이 가득 벤 얼굴로 한 자 두 자 써 내려갔다. 부모나 형제에게 띄우는 사연이기에 간절하고 애틋한 마음을 표현하려고 애쓰나 마음과는 달리 "잘 지내고 있으니 걱정 말라."는 말밖에는 더 이상 진전이 없었다. 그런데 그중 B의 사연이 내 눈길을 잡았다. 사연인즉 어머니가 병病중에 있으며 하루라도 빨리 한국에 모시고 와 치료해 드리고 싶다는 내용이다. 비록 서툰 한국어지만 어머니를 염려하는 그녀의 마음에 코끝이 아렸다.

한 사람씩, 각자가 쓴 글을 낭독하게 했다. 그러는 동안 내내 가족에 대한 그리움이 커져만 갔다. 마지막 순서였던 B는 몇 줄 되지도 않은 사연을 채 마치기도 전에 그만 눈물투성이가 되어버렸다. 어디 그녀뿐이랴. 여기저기서 훌쩍이는 바람에 그날 일곱 명의 여인들은 울다가 웃다가 그랬다.

가족을 향한 사랑, 특히 어머니를 향한 가슴 절절함은 별

다른 수식어가 필요 없었다. 진정으로 사랑하는 사람은 목소리만 들어도 안다고 한다. 진정한 사랑이란 자신의 진실이 상대의 존재 속으로 스며들게 하는 것이란다. 그 어휘가 아무리 좋은 말일지라도 가식이나 꾸밈이 있다면 진정으로 상대에게 스며들지 못할 것이다.

잠시 파문이 일었지만 다시 고요해진 그녀들의 눈빛은 호수처럼 맑았다. 동정은 금물이라지만 나는, 맑은 거울에 얼굴을 들여다보듯 서로의 존재를 바라보며 가만히 그들의 아픔을 더듬어보았다.

**스며들다**

어떻게 하면 상대의 구석구석까지 나를 스며들게 할까? 고민할 때가 있다. 내 마음을 몰라주니 나의 진심을 알리고자 할 때가 그러하고, 애틋한 사랑을 표현하고자 할 때 또한 그렇지 않을까.

그렇다. 그 누군가를 향해 정성을 다하는 목소리야말로 자신의 진실이 상대의 존재 속으로 스며들게 하는 것일 게다. 가끔씩 부딪치는 허공을 울리는 목소리나 겉도는 목소리도 있는데 이는 정성이 깃든 목소리가 아니다. 그런 소리는 아무리 좋은 말일지라도 사랑이 닿지 않는 그저 스쳐가는 소리에 지나지 않는다.

가족에게, 친구에게, 또 다른 누군가에게 보송보송한 스펀지에 물이 스며들듯이 자신의 마음을 주욱 스며들게 하고 싶을 때가 있다. 보기만 해도 차분함을 느끼며 편안하게 하는 것, 그래서 서로에게 그저 미덥고 무작정 사랑스러운 존재가 되기를 소망할 때가 있다.

스며든다는 일. 당신과 나 사이의 벽을 허무는 것. 빈 몸이 되어버린 매미 속에 내가 들어가 눕는 것, 저물녘 너의 눈에서 나의 눈으로 황혼의 쓸쓸함이 옮아가는 것, 욕망이며 희망, 흉터까지도 서로 갉아먹고 핥아먹는 것…….

턱을 괴고 한참을 생각해보니 오오, 이런이런! 세상에 쉬운 일은 하나도 없구나.

누군가에게 스며든다는 일. 생각만으로 덜컥 겁이 나서 마음속에 빈 의자 몇 개 마련하는 것으로 서둘러 마침표를 찍고 말았다. 이런 내 마음을 아는지 모르는지 우렁찬 매미 소리는 이미 온 동네에 잦아들었다.

# 그들에게 바치는 장미

천생 춤꾼인 그녀. 그녀를 아홉 달 만에 만났다. 불과 몇 년의 짧은 인연으로 인해 그녀의 예술세계와 예술혼을 슬쩍 엿보았을 뿐, 나는 그녀를 잘 알지 못한다. 다만 춤에 대한 열정과 사랑으로 똘똘 뭉친 그녀는 다정하며 잘 여문 밤톨같이 야물었다.

남서풍이 막 불어오기 시작한 햇살 좋은 가을날 저녁 무렵 그녀를 만났다. 그녀는 '고故 금파 김조균 선생님 10주기 추모대공연'을 한국소리문화의전당 모악당에서 마련했다.

김조균 선생은 그녀의 스승이자 지아비다. 추모공연은 고인을 추모하면서 금파 선생의 춤에 대한 열정과 사랑, 금파무용의 과거와 현재 그리고 미래의 맥을 잇는 소중한 자리로 마련하였다고 한다.

김조균 무용가는 전주에서 태어났다. 어려서부터 타고난 기량과 끼가 있었다. 마을에 약장사가 올 때면 손님을 끌기 위하여 노래와 춤으로 선전하는 모습을 보고 흥에 겨워 따라다니곤 했다. 극단이나 예술단체가 와서 야외에 무대를 설치해 공연을 할 땐 꼭 구경을 해야 직성이 풀렸던 소년이었다.

그가 중학교 2학년 때 대금을 배우기 시작했으나 소질에 맞지 않았다. 무용반에 들어가 본격적으로 춤을 추게 되었다니 1950년대에 남성이 춤꾼이 되고자 무용계에 입문했다는 사실 자체가 파격적인 일이었다. 이러한 연유로 금파는 1955년 무용에 첫발을 들이고 한국춤과 한국음악을 익히게 되었다.

그는 고故 정형인 선생으로부터 5년 동안 무용의 기본이 되는 남무(입춤)와 먹장삼을 입고 추는 승무, 농악, 설장구, 소고춤, 한량춤, 농부가를 부르면서 그 노래에 맞춰 추는 춤 등을 배웠다. 인위적인 것을 배제하고 꾸밈없고 순수한 춤을 추어야 한다는 스승의 가르침에 충실했던 금파는 중3때 경무대(청와대) 뜰에서 이승만 대통령 내외 앞에서 춤을 추게 되었다. 이때 많은 칭찬으로 춤에 대한 자신감을 얻게 되었으며, 더 열심히 정진하여 '한량춤'으로 대통령상을 받게 되는 영광을 안았다.

지역문화예술의 중요성을 인식한 그는 중앙무대를 마다하고, 전북지역의 문화예술 발전에 헌신적인 노력과 열정을 다하며 '춤 인재 양성'에 평생을 바쳤다. 명무 정자산, 정형인 부자의 유일한 춤 계승자로 남무, 삼현승무, 호적구음살풀이춤, 한량춤, 전주검무 등을 전수받아 전라북도 무형문화재 제17호로 지정되었다.

그는 안타깝게도 간암으로 58세의 나이에 이승을 떠났다. 죽음을 목전에 두고 펼쳐진 '전라북도 무형문화재 공개발표회'에서 혼신의 힘을 다해 춤을 춘 고인은 그의 아들

김무철에게 한량춤 부채를 전하는 대물림의식을 거행한 뒤 홀연히 무대를 떠나고 모든 관객은 눈물로 마지막 인사를 나눌 수밖에 없더란다. 그는 전북 무용계의 전설이 되었다.

하지만 한국춤계의 거목으로 사람들의 기억에 영원히 자리하고 있는 고인의 제자들로 면면이 맥을 이어가고 있는 '금파무용단'은 이 지역은 물론이고 한국을 대표할 수 있는 춤꾼들의 예술밭이다. 그 한가운데 김숙金淑, 그녀가 있으며 대물림을 한 아들과 딸이 있다.

공연에 앞서 고인의 흔적을 영상으로 더듬자니 숙연해졌다. 첫무대에서는 금파무용단원들이 출연하여 '그들에게 바치는 장미'라는 의미가 담긴 한량무를 추었다. 세월의 가시밭길을 헤쳐 현재에 이르렀다는 금파류 한량춤은 광대나 창우, 기녀들에 의해 전승된 교방춤의 하나로 그 예술성을 재창조한 춤이다. 춤사위가 호남의 여유 있는 산새와 넉넉한 평야지대의 자연에 순응하는 몸짓으로, 한량의 품격과 자태를 남성의 역동적인 춤사위로 풀어낸다. 그러한 까닭에 한량춤의 무대는 남성들로 구성되어 있다. 더욱이 아버지의 혼이 담긴 부채를 들고 춤을 추어야 하는 아들의 숙명적인 몸짓에서는 경건함과 숙연함이 묻어났다. 아니, 조였다 풀어헤치는 부챗살 그 끝자락에서 서러운 눈물 한 방울 파르르 떨고 있는 양 애잔하기도 했다.

숨 가쁜 세상살이/ 바람 한 자락 붙들었다.
살며시 놓아 주는 그 언저리를
해와 달이 돌고 돌아/ 둥글지는 하늘이여. (중략)
애태우는 가슴인 양 녹아 흐르는 촛불아래
맺힌 한이 풀리면서/ 어둠도 밝아오고
번득이는 빛무리 싸고 돌면/ 아롱지는 너울 무늬
사쁜 사쁜히 출렁이는 춤사위여

이기반 시인은 이렇게 노래했다. 한국예술종합학교 무용과 17인의 광기에 가까운 현란한 춤은 생기발랄할 뿐만 아니라 영혼을 뒤흔드는 몸짓 같았다. 건반을 두들기는 피아니스트의 리드미컬한 손길이거나 바이올린의 현絃 위에서 미친 듯 미끄러지는 활이 되어 천상의 소리를 들려주었다. 관객은 연달아 "브라보!"를 외쳐대고 덩달아 신바람 난 나는 손바닥이 얼얼하도록 박수를 쳤다.

마지막 장 '우리 전설 다시 돌아오다—학이여 그리움이여!'는 전설을 남기고 떠난 고인에 대한 그리움을 펼쳤다. 첫째마당은 학과 신선이 노니는 선경에 대한 그리움을, 둘째마당은 신선과 학이 노니는 평화로운 세계를 꿈꾸는 사람들이 드리는 제사를, 셋째마당은 학과 사람이 한몸, 한마음의 몸짓으로 학도 날고 인간도 날아올랐다. 훠얼—훨—훨!

그들의 비상이 끝난 후에도 내 영혼은 허공 속에서 맴돌았다. 이미 떠나버린 학들의 정령이건만 나는 아직 그들을 보내지 못했음이다. 출연진과 관객이 하나되어 서로에게 감사의 마음을 전했다. 진한 감동의 물결은 하늘나라 그 어디에라도 가 닿을 수 있을 만큼 큰 소리로 환호하며 뜨겁게 박수를 쳤다.

지아비이기 이전에 같은 길을 걸어가는 예술인으로서 든든한 동반자가 되어 준 한 여인. 끊임없이 타오르는 춤에 대한 열정과 임에 대한 사랑밖에는 틈을 보이지 않는 당찬 그녀가 있어 그분은 참 행복하시겠구나 생각했다.

그녀의 앞날에 더 큰 영광 있기를 빈다.

※ 이 책의 출간을 준비하던 2016년 7월 초, 그녀의 부음을 들었다.

# 눈물겹다, 그녀

민족의 대이동이라는 명절, 한가위로 인해 이삼일을 밖에서 보내고 돌아온 내 집. 현관의 우편함에서 두어 권의 책이 나를 기다리고 있다. 문인들이 보내준 신간서이다.

친정어머니가 챙겨주신 고춧가루며 명절음식 등을 정리해야 함에도 그중 한 권의 책에서 손을 뗄 수가 없다. 붙박

이처럼 꼼짝 못하고 책장을 넘겨나갔다. 그녀와 나는 동갑내기로 '수필과비평사'에서 주관하는 행사장에서 처음 만났다. 등단의 시기도 비슷했던지라 뜸한 만남이지만 만날 때마다 조금 각별했다.

굳이 많은 대화를 나누지 않아도 눈빛으로 마음으로 느끼는 따스한 교감 같은 게 있었다. 약간 허스키하다고나 할까. 매력적인 목소리로 서로의 안부를 묻곤 했는데 어느 날 그녀의 건강이 여의치 않음을 바람결에 들었다. '어디가 어떻게 아픈 걸까?' 그때 잠시잠깐 염려했을 뿐 까마득히 잊고 지냈다. 그랬는데 어느 날 또 바람결에 그녀의 부음을 들었다. 가슴에 통증이 이는 듯했지만 앞서거니 뒤서거니 하는 생명의 순리를 어쩌겠나 싶어 가슴에 오래 담아두지 않았다.

그런데 오늘 그녀, 유해자의 유고집을 받았다.

표지화는 그가 손수 그린 산수국으로 영락없는 그녀 살아생전의 색깔이었다. 표지 뒷면을 여니 단아하면서도 세련미가 넘치던 저자가 부드러운 미소와 그윽한 눈길로 나를 바라보고 있다. 만감이 교차했다. 약력 말미에 기재된 아무 날, 아무 시에 운명하였다는 끝맺음에 절로 한숨이 나왔다. 몇 줄 안 되는 간단한 약력 말고는 그 흔한 이메일 주소나 전화번호도 없이 텅 비어있는 여백이 완벽한 단절을 느끼게 했다.

당장이라도 전화를 걸어 축하의 말을 전하고 싶은데, 격려와 칭찬의 말로 함께 기쁨을 나누고 싶은데, 어디에도 그녀와 소통할 창구가 없다. 괜스레 막막했다.

하루 종일 납작 엎드려 킁킁거리며 그녀의 궤적을 더듬었다. 강물처럼 흐르고 싶다던 그가 병명도 모른 채 운명해야 했다니, 눈에 넣어도 아프지 않을 애인 같은 아들과 딸을 두고서 숨을 거둬야만 했다니, 어찌하오리까! 탄식 속에서 살아갈 남편을 뒤로하고 등 돌려 떠나야 했다니…….

어디 그뿐이었으랴. 아침이면 저 작은 풀꽃들과 새들에게 인사를 나누며 아름다운 숲길을 거닐어야 하고, 이틀이 멀다하고 서점에 나가 새로 나온 책들을 벗삼아 도란도란 무언의 정도 쌓아야 하는 것을. 고흐를 만나고 뭉크의 절규를 들어야 하며, 도자기를 빚고 그림도 그려야 하는데…… 문우들과의 자리에서 재치 있고 텁텁한 유머로 한껏 분위기를 살려줘야 하고, 수필과 만나 행복하다 했으니 그 행복을 오래오래 지켜냈어야 하는데 처녀수필집이 유고집이라니…….

수필을 씀에 있어 좀 더 치열하지 못했음을 부끄럽게 생각하며 이제 서둘러야 할 때인 것 같다고 말했지. 하지만 그것이 또 욕심으로 탄생하는 글이 될까 봐 두렵다고 했지. 그래서 겸손히 서둘러야 할 때라고 말했다지. 수필과 만나 행복하다고 노래하던 그녀가 수필을 향한 사랑땜도 제대로 못한 채 훌쩍 가버렸으니…… 남아 있는 자의 슬픔이 밀려온다. 그렇게 생각할수록 간절해지는 그녀의 목소리와 부드러운 미소가 저녁노을에 걸리듯 애처롭다. 눈물겨웠다.

드문드문 옅은 구름이 지나가고 바람이 동서를 가로질러 달려간다. 약간의 습기를 머금은 눅눅한 바람이 머리카락에 매달려 가을향기를 전한다. 그냥 이대로 모든 것들이 마냥 좋다. 금새 하늘빛이 흐려지더니 가는 빗방울을 날린다. 비가 내려도 좋다. 더 세찬 바람이 불어도 좋으리.

유해자, 그녀가 그토록 살고 싶어 했을 오늘이기에 불평

없이 비를 맞으며 천변길을 걸었다. 언뜻언뜻 가로수에 몇 잎씩 단풍잎이 눈에 띄고 희뿌연 안개비 사이로 모악산이 보인다. 어제 만났던 그녀 생각이 났다.

이제 나는 그녀를 보내려 한다. 어느 곳에 있든지 편안하게 잘 지내고 있으리라 굳게 믿으며 가볍게 손 흔들어 작별을 고했다.

"해자야, 유해자야, 안녕."

나는 처음이자 마지막으로 그녀의 이름을 오랜 친구처럼 불러보았다.

# 소식
# 궁금합니다

사람의 일은 아무도 모른다. 어느 날, 느닷없이 들은 부음. 그 소식이 차마 믿기지 않아 두 번, 세 번 열어보았던 손전화의 문자 메시지…….

'문예가족'의 일원인 소설가 형문창 님은 모두를 깜짝 놀라게 하고는 아무렇지도 않게 훌쩍 먼 길을 떠났다. 참으로 허망하게 유명을 달리한 님이 문득 무척이나 그립다.

핵가족, 분산가족, 기러기가족이 늘어나고 있는 요즘 세상에 '문예가족'은 대가족이라고 할 만하다. 그도 그럴 것이 '문예가족'이 탄생된 지 회갑이 넘었기 때문이다. 그때부터 지금까지 고락을 같이한 문단의 원로, 선배들이 떠-억 버티고 있는 든든한 자리에 후배들이 그 명맥을 유지하기 위해 고군분투하고 있다.

그동안, 몇 분은 유명을 달리하여 다시는 만날 수 없게 되었다. 그러나 회원들끼리는 마음만 먹으면 가까이에서 오순도순 정을 나눌 수 있으니 튼실한 모범 동인이라 할 만하다. 나는 Y와 곧잘 농담 섞인 애칭으로 "문어 가족, 무녀리 가족"이라 낄낄대면서 서로에게 스민 따스한 정이 남다른 '문예가족文藝家族'을 사랑한다. 그래서 이따금, 회원과의 긴 이별 앞에 슬픔도 깊다.

'문예가족'이 만나는 날이다. 덕진공원에 연꽃이 활짝 피었다는 핑계로 말이다. 하늘을 지붕 삼아 우리는, 꽃 핀 자리 옆에 빙 둘러앉아 꽃향기보다 진한 사람의 향기를 하늘로 날려 보냈다. 하늘나라에 있는 가족들에게 전해질 수 있도록 높이 그리고 멀리 머얼리. 하지만 문예가족들과 함께 하는 그 자리가 유독 허전한 까닭은 애주가인 형 선생님의 빈자리 때문인가 싶었다.

이심전심인지 회원 중의 한 분이 그와 통화를 시도해보았다. 뜨르릉 뜨르릉 휴대폰으로 신호음은 가는데 받지 않는다. 그러다가 혹여 가족 중 누군가가 대신 받기라도 할까 봐 황급히 전화를 끊는다. 짧은 정적이 흐르자 누군가가 가라앉은 분위기를 바꾸려는지 농담을 건네며 술잔을 돌린다. 착잡한 마음을 소주 한 잔에 담아 꿀컥 삼켰다.

그와의 만남은 주로 문학행사에서 이뤄졌다. 몇 번의 만남은 술자리였으니 술에 대한 추억 없이 그를 기억한다는 것은 어렵다. 가을이 무장무장 깊어가는 어느 날, 평화동 뒷골목에서 막걸리잔을 기울이던 때였다. 친근함이 덜하던 때였으며 그런 자리에서는 처음 만남이었다. 나는 단박에 선생님의 털털한 유머와 인간미에 매료되었다. 온몸을 들썩거리며 껄껄껄 웃던 모습은 세상물정 모르는 사람처럼 순수해 보였다.

살아생전에 그를 '형문창 선생님'이라 깍듯이 부르지만,

아주 가끔 술판이 익어갈 즈음이면 장난삼아 '문창이 서엉~~'이라 불렀다. 그럴 적이면 그는 "허허허." 호탕하게 웃으며 잘 받아 주었다. 임의 소탈하면서도 인간미 넘치는 성품은 술자리에서도 빛을 발해 그가 있는 언저리에는 언제나 훈훈한 인정이 넘실댔다. 맑은 소주만을 고집하고 특히 우리 고장에서 생산하는 술을 팔지 않으면 그 술집에서는 술을 마시지 않으려고까지 한 애향심이 남다른 분이었다.

감칠맛 나고 재치 넘치는 소설은 나보다 나의 남편이 더 좋아했다. 남편은 그의 소설 ≪엉클린 머리를 비다듬다≫를 읽고 난 후부터 애독자가 되었다고나 할까! 넌지시 그 얘기를 전하자 행복한 웃음으로 화답하던 모습이 눈에 선하다.

글도 글이지만, 사람 좋은 그의 유머나 뜨거운 문학정신을 더 좋아했다. 어쩌다 만나는 자리에서 한 번씩 빵~하고 터트리는 입담에 우리 모두 박장대소하면서 재미있어 했다. 우리가 배꼽을 쥐고 웃으면 소년처럼 환해지던 얼굴, 말과 말 사이에 등장하는 약간의 킁킁거림마저 그리운 오늘, 하늘엔 먹구름만 가득하다.

형문창 선생님!

그곳에도 지금 비 내리다 반짝 갠 장마철인가요? 우산도 없이 비를 맞고 계신 것은 아니겠지요? 먼 훗날, 남겨진 문예가족들에게 보여 줄 소설을 쓰느라 밤잠을 설치고 계시지는 않은지요?

부디, 평안하십시오.

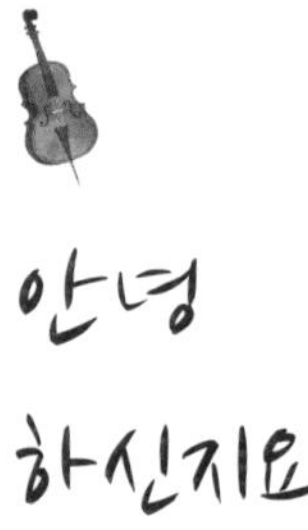

# 안녕 하신지요

못 뵌 지 3년이다. 뭐 그리 긴 세월이라고, 어떻게 말문을 터야 할지 참 난감하다.

"회장님, 안녕하셨어요?, 그동안 별고 없으세요?, 올봄, 꽃구경은 어떠셨어요?, 여전히 술과……." 두런두런 혼잣말을 건네며 무슨 소용이랴 싶다. 컴퓨터 자판의 지움(Delete

Key) 위에 검지가 오래 머문다. 몇 마디 썼다가는 지우고 또 다시 쓰기를 여러 번. 회장님께 건너가지 못하는 마음을 붙잡고 시간이 흐르고 흘렀다.

라대곤 회장님!

내가 인사를 올리면 유쾌하고 호탕한 웃음으로 맞아주실 터인데, 이젠 그 웃음을 볼 수도 들을 수도 없다.

수필가, 소설가, 회장님, 사장님, 이사님. 여러 호칭을 가진 그분을 1997년 봄에 처음 뵈었다. 덩치가 크지 않으나 호방해 보였다. 부리부리한 눈매에서 날카로운 면모를 엿보았지만 시원한 너털웃음 한 번에 그 모든 경계가 허물어졌다. 나는 그를 회장님이라 불렀다.

그 후로 전주의 문인들과 함께 김제시의 명찰 금산사나 청하면의 호숫가 음식점, 군산 등지에서 맛있고 멋있는 시간을 즐기곤 했다. 라 회장님이 형이라 부르는 김남곤 시인님과 신아출판사 서정환 사장님, 김용옥 시인님, 수필과비평 주간인 유인실 시인과 자주 어울었다. 시간과 장소에 따라 서재균 아동문학가님, 소재호 시인님을 비롯하여 지역의 작가님들과 라 회장님의 친구분 등이 합석했다. 그 자리의 기쁨조는 당연히 라대곤 회장님이다. 첫사랑 영이로 시작하여 감옥소의 경비대 이야기는 매번 등장하였으나, 그 분의 입담 덕분, 사실은 괴롭고 힘든 일인데도 한바탕 웃음을 날리곤 했다.

회장님과 함께하는 자리는 사람 냄새로 가득하고 풍성했다. 풍류를 즐기고 멋을 아는 그 분 가까이에서 그를 한 조직의 두목처럼 모시며 따랐다. 유성으로, 경주로, 제주도로 전국 각지에서 '수필과비평사'의 행사가 있을 때마다 회장님을 뒤따라다니면서 얼마나 든든했던가. '수필과비평사 회장'을 맡고 계신 회장님은 단체의 기틀을 마련함은 물론 튼실한 모양새를 갖출 수 있도록 물심양면으로 헌신하셨다. 그 덕으로 '수필과비평사'는 지금, 어디에 내놓아도 손색없는 탄탄하고 내실 있는 단체로서 위상을 떨치고 있다. 남보다 조금 더 가졌다 해서 손쉽게 할 수 없는 일을 즐겁게 하셨다. 알게 모르게 전북문단 또는 문인들에게 베풀고 배려하셨다. 이러는 동안 마음에 절로 모셔진 그의 병고를 알게 되던 날의 충격은 말문을 막아버렸다.

힘든 투병생활 중에도 간간이 만나 웃음꽃을 피우곤 했

는데…… 병마와 싸워 이길 장사는 없는지…… 회장님의 부음은 많은 사람들을 슬프게 했다. 꼭 쾌차하시리라 믿었는데…… 공적인 자리에서는 단호하고 깐깐한 태도였지만, 주위 사람이나 문학단체에 애로가 있을 때마다 서슴지 않고 주머니를 열어 어려움을 덜어준 진정한 멋쟁이셨는데…… 가슴 아팠다.

한 시대의 평가는, 남은 자들과 후세의 몫이라 하던가. 한 회사의 경영인으로, 한국문단의 작가로서 그의 족적과 후일담은 오래 회자될 것이다. 누구와 만나든 절대 빈손으로 돌려보내지 않으셨다는 것, 타인을 배려하고 고통을 함께 나누는 데 발벗고 나섰다는 일, 어머니를 모시는 일에 극진한 효자라는 것, 생활이 힘들고 어려운 시절을 꿋꿋하게 이겨낸 분이라서 더 따뜻하고 배려심이 깊었을 거라고도 했다.

2000년 10월, 내가 첫 수필집을 출간할 때 '가을하늘처럼 맑고 경쾌한 글'이라는 제목으로 서문을 얹어 주셨다. 그 후로 제법 긴 시간을 임의 곁에서 맴돌았다. 생전에 좀 더 삽삽하게 대해드리지 못해 죄송하다.

회장님께서 영면하신 지 3년. '수필과비평사'가 2016년 7월 9일에 김제시 청하면의 청운사에 '라대곤 문학비'를 세우고 추모문집을 발간한다고 한다. 마음을 보태기로 했다.

참으로 오랜만에 첫 수필집 ≪인도人道 가는 길≫을 꺼내어 서문을 읽었다. "기왕 시작한 것, 이 나라 문단사에 길이 남는 발자국을 남기기를 진심으로 바란다."라는 고인의 바람이었다. 그 백분의 일에도 미치지 못하는 면구스러움에 쥐구멍이라도 찾고 싶다. 회장님과 함께했던 순간들에게 새삼스레 감사를 올렸다. 글을 쓰노라니 더욱 그립다.

"회장님, 라대곤 회장님! 안녕하신지요. 이곳은 지금 산딸나무 꽃이 하얗게 핀 유월이어요. 빨간 넝쿨장미도 한창이고요. 유월인데도 엘리뇨 현상 때문인지 제법 무덥습니다. 이런 때 회장님을 모시고 시원한 냉면이라도 한 그릇 후르륵 할 수 있다면 얼마나 좋을까요? 어느 곳에 계시든지 거한 술상 차려 놓고 구수한 얘기로 정담 나누고 계시겠지요? 회장님! 1분만이라도 그 호탕한 웃음, 환한 얼굴 보고 싶어요!" 그립습니다.

이연희 수필집
# 스며들다

**인쇄** 2016년 8월 20일
**발행** 2016년 8월 25일

**지은이** 이연희
**발행인** 서정환
**펴낸곳** 수필과비평사
**주소** 서울시 종로구 삼일대로 32길 36(익선동 30-6 운현신화타워 빌딩) 305호
**전화** (02) 3675-3885, (063) 275-4000 · 0484
**팩스** (063) 274-3131
**이메일** sina321@hanmail.net essay321@hanmail.net
**출판등록** 제300-2013-133호
**인쇄 · 제본** 신아출판사



**ISBN** 979-11-5933-040-7 03810
**값 13,800원**

이 도서의 국립중앙도서관 출판예정도서목록(CIP)은 서지정보유통지원시스템 홈페이지(http://seoji.nl.go.kr)와 국가자료공동목록시스템(http://www.nl.go.kr/kolisnet)에서 이용하실 수 있습니다.(CIP제어번호: CIP2016020123)

Printed in KOREA

이 책은 전라북도 문예진흥기금을 지원받아 제작하였습니다.